経済社会学
から考える
現代の地域協働

Contemporary Regional Collaboration
from an Economic and Sociological Perspective

古市太郎 著

八千代出版

はじめに

　これまで、地域協働については、「コミュニティ政策」という分野あるいは「地域住民組織論」という文脈で論じられてきた。主として、「地縁組織の閉鎖性・硬直性に対する市民組織の公共性・開放性」という観点から、いかにして「エリア型コミュニティ（地縁組織）」と「テーマ型コミュニティ（市民組織）」が協働できるのかという論点で語られ、そうした論点がコミュニティ政策へと反映されてきた。

　本書の主張は、「現代社会」で地域協働を論じる際、上記の論点の蓄積のほかに、別の論点が必要なのではないかというものである。「現代社会」は経済に社会が駆動される「経済社会」であり、社会に生じる社会問題が一層高度化・多様化している。まさに、別の論点とは、こうした経済社会状況に対する視座の必要性のことをいう。具体的にいえば、地域機能がますます企業セクターあるいは行政セクターへと「外部化」されていく中で、公共性に基づいた組織のあり方を論じる「地域住民組織論」だけでなく、「経済社会学的視座・交換／贈与」から捉えることで、「現代社会」における地域協働の有効なあり方が見出せるのではないか、という論点である。(1)

　そして、「現代」という時代については、「1995年」を一つの分岐点とした。この年には、日本あるいは世界を揺るがす事件として「地下鉄サリン事件」が生じたが、生活する上での地域コミュニティを根本から再考せざるをえない出来事として「阪神・淡路大震災」が起きた。この出来事に対し、海外を含め様々な形でのボランティア活動がなされ「ボランティア元年」とも呼ばれる年でもある。一方、日本の経済のあり方として、「新自由主義経済」政策あるいは「規制緩和路線」という形で舵が一層切られた年、具体的にいえば、日本経営者団体連盟『新時代の「日本的経営」』が出され、実行に取り掛かる礎が築かれた年でもある。日本特有の雇用形態である「年功序列・終身雇用制」が「構造改革」され、「民間」あるいは個人が経済活動をしやす

くするための改革がなされたのである。

　この２つの出来事だけからではあるが、「1995 年」とは、社会への何かし
らの貢献を試みる「ボランティアとしての個人」と、規制・構造から解き放
たれる「自由な経済活動を試みる個人」とが希求された年といえないか。こ
の２つの現れのどちらが色濃くなるのかについては、論を進めていく中で明
らかとなるであろう。

　また、『新時代の「日本的経営」』における「自由な経済活動を試みる個
人」は、具体的には多国籍企業で働き世界を股にかけて活躍する個人として
描かれている。たしかに、条件として、同じ企業あるいは人間として、誰も
が世界で活躍できる主役になれるかもしれない。皆その条件を形式的には有
している。世界を飛び回る可能性を誰もが有しているということは理屈とし
て理解できる。しかしながら、実際は、個人あるいは企業それぞれが力能も
さることながら、置かれた条件・境遇が異なっているのが事実である。出自
などでいえば、アジア・アフリカ系〇〇、白人／黒人、女性／男性、
LGBTQ など具体的な文脈は異なっていたり、産まれた国の体制についても、
資本主義国／共産主義国、民主主義国／軍事政権国など様々である。

　バウマンによると、グローバリゼーションが進展すればするほど、「形式
上における個人の条件」と「事実上の個人の条件」に乖離が生じてくるとい
う。「形式上の個人の現状と、事実上の個人（運命を自ら決定し、真の選択ができ
る個人）になれる見込みのあいだには巨大なギャップがある」（Bauman 2000：
39＝2001：51）。そして、グローバリゼーションによって生じるギャップを埋
め合わせる策として「コミュニティ」が掲げられる傾向にあるという。なぜ
なら、「『他者』、差異、異質性を切り離そうとする努力、意思疎通、交渉、
共同参加の必要性を排除する意思は、社会的絆の弱さ、流動性から生じる実
存的不安への予想された反動」（Bauman 2000：108＝2001：142）から、「心休ま
る温かい場所」が求められるからである。つまり、この実存的不安に対し共
通の利益を基礎にした交渉的合意によってではなく、共通のアイデンティティ
（情緒や感情、民族性）によって安定を見出すことが求められてくる。その対応

策の一つが「コミュニティ」なのである。しかしながら、本書は、この「埋め合わせとしてのコミュニティ」という立場は取っていない。(2)

　そして、経済社会学において「ネットワーク」や「連帯」についての研究は数多くあるが、本書では、モース『贈与論』に着目し、その理論を現代的に展開しているカイエやグレーバーの理論を検討しながら、贈与の現代的意義を明らかにする。そして、その意義が現代の地域協働を支える重要な視座となることを提示する。

　このように、本書は、現代社会におけるコミュニティを取り巻く現状を踏まえながら、地域住民組織論及びコミュニティ政策だけでなく、「経済社会という現代性」を踏まえた「経済社会学的視座・交換／贈与」から考察することで、地域コミュニティにおける地域協働についての新たなあり方を見出していきたいと考える。

注

(1) 現代社会を経済社会学で読み解く重要さを論じる一人に富永健一がいる。彼による経済社会学的視座の有効性がわかりやすくまとめられている著書として、『社会学講義　人と社会の学』(1995) と『社会変動の中の福祉国家　家族の失敗と国家の新しい機能』(2001) がある。前者を基礎編、後者を応用編として位置づけ読むことができる。

(2) バウマン (2000：98-104＝2001：132-139) によると、共通の利益を基礎にした交渉的合意によってではない「他者に対する対処法」は４つのアプローチに分けられるという。

1. 「嘔吐的方法」と呼ばれ、排他的戦略のことである。異端とみえる他者・差異に対し、禁止あるいは制限することで、体外あるいは地域外に出す方法である。

2. 「食人的方法」と呼ばれ、同化戦略のことである。摂取し食いつくし、新陳代謝にかけることで体内あるいは地域内に同一化するという方法である。

3. 「非空間化」といい、その空間内では部外者・他者の滞在を認めながらも、彼らの特異性は認めない。その空間に在る彼らは単なる物理的存在（物としての存在）となり、習得に時間のかかる洗練された市民性は、その空間内では求められず、必要がない。

4. 「空虚な空間」といい、そこでは差異を隠す方法を取る。その空間自体が、意味づけられず、削除される場所となるため、他者や差異自体が存在しない。

この 1 と 2 は他者に対するアプローチ、一方 3 と 4 は空間からのアプローチであるが、「相互関与の不要さ」という点ではすべて共通している。現在では、この「相互関与の不要さ」から、共通の利益を基礎にした交渉的合意ではなく、情緒や感情、民族性に依拠した排他的なアプローチが主となりつつあるというのが、バウマンの分析である。

参考文献

Bauman, Zygmunt, 2000, *Liquid Modernity*, Polity Press.（森田典正訳，2001，『リキッド・モダニティ』大月書店.）

目　　次

はじめに　i

1　1990 年代までの地域住民組織論とは　1
　1-1　地縁組織をめぐって——近代化論と文化型論　1
　1-2　都市化をめぐって
　　　　——ボランタリー・アソシエーション論と地域共同管理論　4

2　なぜ、いま、地域協働が求められるのか　17
　2-1　「阪神・淡路大震災」以降、注目される地域協働とは　18
　2-2　「豊かな社会」がもたらす「功罪」——外部化と公共性への無関心　28
　2-3　市民組織が台頭する「予想外の」経済社会的文脈
　　　　——「民間」主体の活性が引き起こす「市民」ネットワーク　34
　2-4　複合化する社会問題と「内部化」する動き　40

3　「贈与」をめぐる経済社会学——ネットワーク・価値・「物」　57
　3-1　経済社会学という「社会の具体性」を問う視座　57
　3-2　なぜ、贈与はネットワークをうみだせるのか　69
　3-3　現代社会における贈与の必要性／重要性　80

4　「学習支援」を通じた多機関連携とソーシャル・キャピタルの醸成　97
　4-1　「新たな公共プロジェクト」と文京ボランティア・市民活動センター　98
　4-2　学習支援における社団 A の設立経緯・活動内容——自立と展開　105
　4-3　CSW による地域ニーズと「強み」の組み合わせ　114
　4-4　ソーシャル・キャピタルの醸成の一つのあり方　120

むすびにかえて　127
あとがき　129
初出覚え書き　131
索　　引　133

1

1990年代までの地域住民組織論とは

1-1　地縁組織をめぐって——近代化論と文化型論

　「現代における地域協働」を論じる上で、まず、これまでの地域協働に至る「地域住民組織」についての経緯と歴史を振り返っておきたい。1節では、地縁組織をめぐる「近代化論」と「文化型論」を扱い、民主化路線と相伴う「近代化論」がどのように「コミュニティ政策」に反映されたのかを検討する。2節では、「近代化論・文化型論」という二項対立図式では捉えきれない「都市化」に伴い、社会状況に応じた形で登場したボランタリー・アソシエーション論と地域共同管理論を検討する。

近代化論

　1969年の「コミュニティ政策」が登場する以前に、1953年の『都市問題』で、閉鎖性の高い地縁組織をめぐり、今後の日本における地域社会の担い手に関して、社会学者あるいは都市社会学者たちが論じている。

　例えば、奥井は、戦後、都市化によって地縁組織が解体する状況となり、「われわれにとって目下最も判然としていることは、現代都市の発達、いわゆる都市化の進展に伴って、旧来の近隣集団が完全に崩壊してしまったという事実である。庶民的生活基礎としての地元集団が壊滅したことは改めて説明するまでもなかろう」。それゆえ、「現代人は、それ（近隣互助の精神）を迷惑と感じ、こうした機縁の地元を尊重もしなければまた愛顧もしない」、と結論づけた（奥井 1953：23-24、括弧内は筆者）。このように、都市化する社会状況から、地縁組織が完全に崩壊したというよりも、その存在根拠がなくなっ

た。

　また、磯村は、「従来のままに町会・隣組の復活は日本の都市社会の前近代的性格に執着し過ぎる見解としても過言ではあるまい」し、「日本の社会の基本的傾向を把握することなしに、過去の制度にもどろうとする考えが働いているように思う。これは科学の進歩への逆コースであり、社会進歩への反逆である」、と述べる（磯村 1953：43, 50）。鈴木に至っては、「隣組、町内会のごとき制度の強制的施行は文明の方向とも都市発展の方向とも逆行する措置である」（鈴木 1953：22）と、地縁組織を再興することを文明的逆行として位置づけている。

　このように、各論者の細部に関する違いはあるものの、町内会などが封建遺制として捉えられている点は共通している。(1) 彼らの思想の背景には、「個人の自発性を尊重し、ある一定の目的的機能を有することをミニマムの特性とする近代的機能集団＝アソシエーションの概念を準拠枠とし」（吉原 1980：87）、地縁組織からアソシエーションへという近代化路線が前提となっている。

　その後、この近代化路線は「コミュニティ政策」に影響を与える。その代表例が、「二重構造論」である（松下 1961）。その立場は、日本の民主化の達成には、地縁組織が跋扈する「ムラ」的社会状況と大衆社会状況という2つの社会状況からの解放が必要であるというものである。

　例えば、1960年代における「安保運動」といった国民運動は、新憲法感覚が定着化することに伴う一般民主主義の政治運動といえ、この国民運動により、統一戦線組織の日本型としての「共闘会議」が浸透したようにみられた。たしかに、このような運動にみられる戦後民主主義は、主として新中間層と組織労働者によって担われていた。しかし、前近代的組織である地縁組織から人々が解放され、民主化が達成したかにみられたが、実際、戦後民主主義は「大衆民主主義」化してしまった。それは一人ひとりが自律的な市民となっていないからである。それゆえ、もう1段階の解放、つまり大衆化した状況からの人々の解放が必要とされた。したがって、その大衆化した状況

に対し、自律的かつ自発的な市民によるコミュニティという民主的関係の構築が目指された。この近代化路線が、日本のコミュニティ政策に影響を与えることになった。

文化型論

　地域外の人々に対し閉鎖性の高い地縁組織から市民組織への移行を説く「近代化論」に対し、地縁組織を日本独自の集団原理、つまり文化と捉える「文化型論」が現れた。(2) その代表論者が近江である。彼は、大都市では地縁が衰退し近隣集団は崩壊するという定説にもかかわらず、わが国の大都市に町内会がいまなお根強く広汎に存在している理由は何であるのかという問いを立て、存続する地縁組織を「遺制」ではなく、「文化」として捉える。この文化としての地縁組織とは、「わが国民のもつ基本的な集団の型の一つであり、人びとが集団を結成し維持していく際の原理」である。この地縁組織の発生形態について、「家族集団はわが国民の持つ『集団の原型』の一つであり、人は水の低きにつくが如く自然に、無意識的に、集団を結成し維持していく際の原理をこの『原型』に求める」（近江 1958：225）。その発生形態が「自然がごときもの」であるからこそ、地縁組織を日本国民に無意識に浸透している「型」として、彼は捉える。

　このように、町内を単位とする住民の結合は、近代化論が説く支配者側による上からの強制ではない。むしろ、集団の成員が辞めたり交代したりした場合でも、その集団が全く同一なものとして保存されるという事実から、中村はそれを「歴史的に一貫した連続性を保つパターン」として住民側の意識の底に潜在する組織形態と指摘する（中村 1990：95）。それゆえ、都市化する社会においても、町内会は存続している。(3)

　行政学者・中川も同様の見解を示す。中川は、地縁組織が「日本人の生活様式が消滅しない以上、不可死なものとして、存続する性質のものである」、と述べる（中川 1980：109）。当時の社会状況に鑑みて、それは「大衆社会状況にはかえって適合するものともいえよう、なににでも功罪はついてまわる。

われわれが日本人であることは所与の条件であり、自己の病理を知って、自己の体質に合った処方を作るほかはない。よりよく生きるにはそれ以外に方法がない。最も自然なものがおそらく、最も理に適っているであろう」（中川 1980：109-110）。さらに、1969年の「コミュニティ政策」を受けて、次のように述べている。「政策とは、コミュニティづくりのように、モデルを設定して、行政誘導方式で町内会を振興せよということを意味してはいない。日本人の行動様式に合致した、混住社会を保持するよう都市計画が定められ、施設が配置されるべきであるという提言である」（中川 1980：207）。つまり、地縁組織だけからなるコミュニティづくりではなく、無意識的に受け継いだものを活かした混住社会として、コミュニティの形成が捉えられている。

　このように、1950年代から、コミュニティの担い手に関して、地縁組織をめぐり「封建遺制」か、それとも「文化」か、と捉える議論が存在した。こうした議論の中、「地縁組織が担う地域共同体の崩壊という認識」のもとにおいて、自律的な市民あるいは「市民組織」からなるコミュニティが、1969年の「コミュニティ政策」で取り上げられることになった。

1-2　都市化をめぐって
——ボランタリー・アソシエーション論と地域共同管理論

ボランタリー・アソシエーション論

　市民の自発性からなる市民組織への移行を説く「近代化論」では、「官僚制支配（権力）に対して住民（個人）」を対立させることから、ムラ状況や権力構造から「解放」された個人が強調される。その反面、個人と個人を結び合わせる連帯が論じられていない。

　他方、地縁組織の遍在性を説く「文化型論」では、民族的特性を強調するきらいがあるが、「前近代から近代へ」という近代化論を相対化させた点は注目すべきである。しかし、町内会等が、国や民族の遍在的な集団形式として捉えられている点を、権力論の視点を考慮に入れ再考しなければならない。

したがって、「近代化論」の指摘を絶えず念頭に置き、「文化型論」が捉える「生活の内側から形成されてくる地域集団の一面」を踏まえ、「生活集団としての地域集団」（吉原 1980：103）として、コミュニティの担い手あるいは組織を捉え直す必要がある。

　そこで、地域の生活集団としてコミュニティの担い手を捉える考察として、「ボランタリー・アソシエーション論」（越智 1990）がある。それは、文化型を遍在的な形式として静態的に扱うのではなく、この型を活性化させる「地域住民の実際の働き」に力点を置いた動態的な考察である。(4) つまり、「ボランタリー・アソシエーション論」とは、「都市的生活様式の浸透に対して、なかんずく、分業的専門サービスになじまない個人的必要・共通した必要を自覚した人々が、自発的に連帯してその達成に向けて主体的、創造的な関係性としてのネットワーキングを形成する、そのような性格をもつ社会関係のこと」（越智 1990：260）である。この社会関係をうみだす行為がボランタリー・アクションである。この「ボランタリー・アソシエーション論」は、のちに述べる中田の「地域共同管理論」と同様、地域の生活集団としてコミュニティの担い手を捉える点で共通している。

　これまで、個人のレベルで処理しきれない生活上の諸問題に対し、行政あるいは公共セクター、企業あるいは市場セクターによって解決が図られてきた。しかし、この従来の解決してきた図式が崩れ始めた。

　まず、住民側のニーズの多様化と高度化により、それらのセクターの対応範囲に限界が生じてきた。次に、環境問題や食品問題で顕著となったが、利便性や収益性よりも、日常生活における安全性の確保に、人々の関心が向くようになった。こうした諸問題に対し、各セクターのほかに、住民の相互扶助からなる共助セクターが必要となってくる。1 節で述べたとおり、1970年代の都市的生活システムの浸透がコミュニティの位相を変化させた。その新たな位相のコミュニティとは、地縁組織による地域共同体退場後の埋め合わせとしてのコミュニティではなく、ある問題を共有しその自覚に基づいた連帯による社会関係としての「コミュニティ」である。

このように、コミュニティを地域の生活集団として位置づけ、具体的に、その集団がどのようにして連帯し形成されるのかが考察された。ボランタリー・アソシエーションも、ここに位置づけられる。そして、越智は、市民組織だけでなく町内会も「ボランタリー・アソシエーション」として捉える。まず、町内会あるいは地縁組織の文化原理として、「親睦と分担」を彼は見出す。この親睦と分担は「広く日本社会の集団文化の型の町内版」あるいは「日本のコミュニティの基礎的なもの」である（越智 1990：275）。地縁組織の包括的役割が曖昧で漠然としたものと捉えられがちであるが、その役割の根底にある意味は、町内全体の「親睦」である。その親睦は、「他に関わることなく自分だけの役割をこなす」という「分業」からではなく、「他のことをすることなしには自分のことも満足できない」という「分担」に基づく「互酬性」からなされる。この「町内親睦」と「互酬的分担」が住民間の実際の目的と働きであり、これらが町内会を存続させている。

　例えば、この親睦と分担の組み合わせが顕著に現れるのは、祭りである。「親睦が即時的報酬型の楽しさを、分担は遅延報酬型の喜びを抱かせるという相違は、必ずしも矛盾するものではない。町内会の親睦行事はどれをとっても、ハレの日のためのケの『こしらえる』過程が重要である」（越智 1990：255）。つまり、当日の祭りの楽しさから親睦が深まり、その祭りを「こしらえる」過程の継続と分担により、互に酬い合う関係がのちに形成されていく。

　さらに、越智は、どのように住民間に酬い合う「分担」がうまれるのかという考察へと向かい、その「分担」へと向かわせるもとに、住民の「ボランタリー・アクション（自発的行為）」をみる。それは、このアクションが沸き起こらなければ、この「親睦と分担」が住民に強制的に働き、町内会が固定化した組織となってしまうからである。

　ここでの「自発的に何かをやろう」精神は、「この地域」や「この人」という特定的関係から起こる。これまで、個人の自発性は、土着性の高い地域社会や特定的関係においてはうまれ難いとされ、その自発性を発揮させるた

め、それらの閉鎖的関係性からの解放が試みられてきた。しかし、このように、特定的関係だからこそ生じるボランタリー・アクションもある。それゆえ、「他のことをすることなしには自分のことも満足できない」という互酬的分担が人々の間にうまれ、継続される。

　以上、論じてきたように、地縁組織の遍在性を説く「文化型論」に対し、「ボランタリー・アソシエーション論」が、この組織を存続させる住民の働きと目的である「親睦と分担」を見出す。さらに、市民組織だけでなく地縁組織においても、組織を存続させる根底にはボランタリー・アクションがある。この働きがあるからこそ、「親睦と分担」は住民に対し強制的に働かない。あらゆる組織にボランタリー・アクションをみることに、青井も、「われわれが組織をつくり、コミュニティを形成しようとする場合にも、その根底にはボランタリズム、あるいはもっと卑近な言葉で言えば、ボランティア精神みたいなものがつねに介在しており、それを抜きにして制度や組織をつくったのでは所期の目的を達することができない」という（青井 1983：96-97）。

地域共同管理論

　地縁組織をめぐる「近代化論」と「文化型論」に対し、地域住民の実際の働きを探る「ボランタリー・アソシエーション論」が、地縁組織（コミュニティ）であれ市民組織（アソシエーション）であれ、それらの根底で働くボランタリー・アクションを見出し、地域の生活集団としてコミュニティの担い手あるいは組織を捉えた。また、「地域共同管理論」も同様の視座から、住民を取り巻く具体的な地域諸条件に焦点を当て、その諸条件からなる「実際の」住民組織の解明を目指す。

　上記でふれたように、「地域共同管理論」が登場する背景は、「ボランタリー・アソシエーション論」と似ている。行政あるいは市場が、住民個々のレベルで対応しきれない生活上の諸問題を解決してきたが、少子高齢化、過疎過密などの諸条件と絡まり合い、住民側のニーズが多様化し、高度化したことで、行政や市場では処理しきれなくなった。そして、その解決に関して、

行政や市場のほかに、住民の声を反映させた住民間の相互扶助が必要となる。

とくに、「地域共同管理論」が登場した当時、地域住民には、土地あるいは空間のあり方が関心事の一つになっていた。例えば、「1980年代に始まる『新自由主義政策』は資本（所有）に空間秩序の絶対的な決定権を与えたものであった。都市再開発の活性化は、利用を介して結びついている物的環境と生活の在り方を断ち切ることになった。それは地域住民の社会関係そのものの改編、あるいは断絶である」（小木曽 1997：22）。資本や権力に基づいた土地利用、駅前開発、景観を無視した高層ビル建設などの空間編成に対し、住民が自分たちの土地あるいは空間のあり方に関心をもつようになった。そのような住民の関心の高まりについて、中田は、「地域の生活諸条件の共同的『管理』こそが地域連帯の基礎的契機であり、その『主体』は、私的所有にもとづく『管理』との対抗のなかで、次第に成熟してきた」、と述べる（中田1993：39）。

したがって、地域を共同で管理するとは、地域を私的所有する資本や権力に対し、それを住民で共同管理することにより、地域連帯を図るということである。すなわち、地域共同管理とは、「地域の共同生活諸条件に対する住民としての関与（参加）の意志の表明であり、その意志の総合とつきあわせ、その結果にもとづくこれら諸条件のよりよい状態（より高度な真の共同利用を可能とするような）での維持、改善、統制」である（中田 1990：203）。(5)

では、地域生活基盤をなす環境的諸条件とはどのようなものなのであろうか、中田は大きく4つに分けている。

第一は、自然的環境である。それは、純粋な自然的環境だけではなく、自然の論理に従う部分のより大きいものを指す。例えば、河川、海浜、森林、緑地、大気の汚染などのように、人工物でも時間の推移と共に自然的環境の性格を強めていくものも含まれる。

第二は、施設的環境である。そのうちの一つ目は、その地域の住民を主とした利用（管理）者として設立されている地域内共同利用施設である。例えば、小学校、歩道、バス停、小公園、コミュニティセンター、小商店などが当て

はまる。二つ目は、その地域内にあり、基本的にはより広域の利用者を想定した広域的共同利用施設である。「不特定多数」者の利用といっても無限定ではなく、より広域の圏域を共同利用単位としており、中学校・高校、大型店、鉄道駅、博物館・美術館、国道・県道などがあげられる。

第三は、制度・政策的環境である。例えば、行政の地域政策や計画、地方税率、地域用途指定、行政協力制度、ゴミ収集法などがあげられる。これは、コミュニティでの生活のあり方を外部から、しかも構成員全体に対して規制を及ぼす形で存在する事象のうち、とくに行政制度ないし政策に関わるものを指している。

第四は、文化的環境である。例えば、地域のシンボル、生活様式、伝承などのことである。地域の歴史の中ではぐくまれた、構成員の全員あるいは性、年齢、階層などごとに重層的に存在する文化を指している。

これらの諸条件に規定されて、住民は生活を営んでいる。しかし、これらの諸条件は固定的かつ不変的に存在するのではなくて、住民が主体的に関わることで変容するものである。また、これらの管理には、地域住民の力だけではなく、労働組合、政党、各種運動団体、研究者、マスコミ、生協やその他の協同組合、NPO など様々な主体による関わりと支援が欠かせない。

しかしながら、地域住民を規定するこうした諸条件がありながら、住民は十分にこれらを意識していないのが実情である。それゆえ、地域住民あるいは各主体の関わりから、それら諸条件を可視化することが不可欠となる。「主体性の根拠は、抽象的な『自立的連帯』ではなく、住民に共通の『地域』生活基盤に求められるべきである」(中田 1990：200)。いいかえれば、自分たちを取り巻く個別具体的な地域環境の維持、統制、管理に関わることで、住民に主体性が帯びてくるのである。

では、この主体性を帯びた住民からなる組織、すなわちコミュニティ組織はどのように構成されるのか、それは、実体的かつ固定的ではなく、時代と共に変化し、全体としての住民の力量と力関係に応じて形成される。このコミュニティ組織の特質として、以下、4つあげられている。第一の特質は、

町内会より広域であり、子育てや高齢化といった現代的課題に対処できるというものである。第二のそれは、地域の広域化により、人材確保の機会が増えるため、対処のための専門分化が進む。第三のそれは、各地区で機能する各種の任意団体をコミュニティ活動内に位置づけ、相互に関連させることで、コミュニティ全体が活性化する。第四のそれは、コミュニティ運営組織を地域共同管理主体に位置づけることで、町内会が一層「開き」、全体の活動水準が上がる。

　ここで重要なことは、各種の任意団体が存在しても、個々の団体では、コミュニティという共同生活活動の全体を代替できないという点である。あくまでも、コミュニティの存在が基盤となり、それを軸にした専門的機能組織が形成されるという関係である。この関係から生じる活動として、以下の4つに分けられる。

1. 全戸参加・問題解決型：コミュニティ施設整備、防災、交通安全、ゴミ処理など。
2. 全戸参加・生活充実型：文化祭、運動会などの親睦、交流。
3. 有志参加・問題解決型：個人ボランティアだけでなく、老人会による独居老人訪問活動、婦人会によるファミリーサービス活動、老人給食など。
4. 有志参加・生活充実型：文化・スポーツクラブなど、個人をメンバーとする活動。

コミュニティ組織の活動は4つに分けられるが、現実には重なり合うものが多い。例えば、2と4では、町会の祭りの際に、個人あるいはクラブのボランティアによるイベント参加などがあげられる。また、1と3においても、地域の防災や防犯において、NPO団体「日本ガーディアン・エンジェルス」といった地域を横断する活動団体の存在がある。

　さて、このように地域共同管理論は地域の生活集団としてのコミュニティを、住民を規定する実際の諸条件から考察する。さらに、地域の実情あるいは諸条件を意識化し、住民自治組織がその生活地域での共同管理をなしうる

力量を備えること、それは、土地利用に対する公共的性格をもつことである。つまり、資本や権力による土地の私的所有に対し、住民が土地を共同で管理するのかという点で公共性を帯びてくる。それは、公共性をもつ地域組織、つまり「生活地自治体」（中田 1980：40）になるであろう。

　したがって、各主体が地域の生活基盤をどのように共同管理するのかという「地域共同管理論」には、行政が公共性を担い住民がその受益者であるという「行政に対する受益者としての住民」という図式を超える視点が備わっている。

地域協働体論

　これまでの地域住民組織に関する近代化論、文化型論、ボランタリー・アソシエーション論、地域共同管理論から、日本における地域コミュニティの担い手の類型を検討した。

　まず、町会に代表される土着性の強い地縁組織をめぐり、「封建遺制」とする近代化論、また「無意識の文化形態」とする文化型論が登場した。

　続いて、コミュニティの位相の変化に応じ、地域で実際に働く「地域の生活集団」を解明する地域住民組織論が登場した。それは「近代化」型か「文化」型かという二項対立論ではない。そのうちのボランタリー・アソシエーション論は、文化型をさらに深化させ「親睦と分担」という文化原理を見出し、その原理を突き動かすのが「やむにやまれない」というボランティア精神により、組織や集団が存続するという論である。

　もう一つは、地域共同管理論である。それは、地域住民を成り立たせしめる具体的な地域の諸条件に注目し、その諸条件を共同に管理していくことで、コミュニティが形成されるという論である。これは、行政だけが公共性を担うという視点を超えた論を展開する。

　こうして、戦後から 1990 年代にかけて、地域住民組織論は、硬直的関係をうみやすい地縁組織をめぐる二項対立図式の議論から、地域の生活集団としての地域住民組織論へと移っていく。以下、次章の補助線となるように、

その後のコミュニティ政策についてふれておく。

　1980年代から、日本では、市場経済体制を重視する「新自由主義経済政策」が採られる中、のちに詳述するように、1995年の「阪神・淡路大震災」を契機としたコミュニティに関する政策は、2005年の「国民生活審議会総合企画部会」でまとめられる。それを受けて、総務省は、2005年、2007年、2008年と段階を踏んで、「研究会」を発足させ、2009年8月28日に報告書を提出している。その報告書の背景には、「平成の大合併」による市町村数の減少があり、それに対して、住民と行政の新たな関係として、「新たな公共」や「地域協働」が提唱された。行政だけが公共性を担う主体ではなく、また住民が公共サービスの単なる受給者でもなく、コミュニティの再生を契機に、各主体の協力関係から公共性を担い、公共空間を形成することが目指される。

　この地域協動にとって重要な要素は3つある。そのうちの一つ目は、人材力、すなわち先導するリーダーである。経済的あるいは自然的条件における地域間の差異も重要であるが、地域の活性化に差をもたらす根源的な要素は、人材力である。二つ目は、地域資源である。有形無形の資源の創造あるいは再創造に向けた取り組みに、人材力を結集させていく。最後は、人材力を中心に地域資源の発掘を具現化する仕組みである。町内会、NPO、婦人会、青年会、商店街、ボランティアといった各主体が目的を共有し、相互役割分担しながら結集できる仕組み・組織の存在である。それは、「地域の実情」に応じた組み合わせから、地域ごとの地域協働体がうまれる。

　この「地域協働体論」には、実際、それほど目新しい視点は含まれていない。なぜなら、それを、ボランタリー・アソシエーション論と地域共同管理論の混合型として捉えることができるからである。第一の特徴は、「地縁活動」と「市民活動」と二項対立させ、後者をこれまで重視してきた政策が、ここで、「新たな公共」を果たす「地域協働体」の一主体として位置づけている。このように位置づける視点は、どちらの活動もボランタリー・アソシエーションとして捉える立場に近く、しかも、行政が公共性を担い住民がそ

れを受容するという二項対立的な視点を超えようとする点は、地域共同管理論のそれと同じ方向性である。

　第二の特徴は「地域資源」である。この趣旨は、地域共同管理論から理解されよう。それは、有形無形の地域資源を再創造しながら、各主体が協働関係からボランタリーに関わり、コミュニティを活性化していく。したがって、地域が抱える特定の状況や資源に注目し、各主体が自発的に連帯しながら地域の生活の担い手としてコミュニティを形成していく、このように、地域資源を活かした地域協働のあり方が模索され提示された。

注

(1)「地縁組織から市民組織への移行」を説く論者が多数占める中、高田保馬は、「近所の組合を喜ばぬものもあり、また統一を否定するものもあるであろう。けれど、組織を作るとすれば地域別以外に、全人的結合をまとめる道がないように思う」。このように、地域が組織を形成する力にふれている。また、「郷土とは離村の人がもつ追憶の自然とは限らぬ。すでに生活する地域やその風物、歴史との情意のつながる場所をさす。この意味における郷土を大都市に与えることは、人類を救い得る一の方向である」（高田 1953：8-11）、と論じる。つまり、二項対立には陥らず、地域的なる市民組織として地域社会の担い手を描いている。

(2) 本章の事例で取り扱う「地縁組織」は町（内）会である。町内会の一般的定義は、個人ではなく世帯が単位であり、加入はほぼ自動的で、町内会の機能は、包括的役割である。また、地方行政との密着性から行政の下請化とまでいわれ、地域に一つ存在するという形での地域占拠性などがあげられる（中村 1990；倉沢 1990）。また、当時の地縁組織が戦時対応組織であり、戦中の為政者への戦争協力をした事実が未だに尾を引いているが、1980 年代後半から、吉原（1989）、中村（1990）、鳥越（1994）により、地縁組織の再検討が始まる。

(3) 秋元（1990：139）は、文化型論者として、近江、中村、中川をあげている。また、秋元（1990：152-153）は文化型論を、戦時下を含めた行政側の関与を軽視した立場として批判し、吉原（1980：96）は、中村が捉える文化型への視点が文化相対主義に陥っていると指摘する。また行政によるボランティアへの関与に対し、非営利性や自発性に基づくボランティア活動が国家総動員的形で統合され展開していることへの批判（中野 1999）や、ボランティア活動が様々なジャンルから定義され本質的な定義が切り崩されている指摘もある（仁平 2002）。

（4）これまでのコミュニティの担い手に関する二項対立的な視点に対する批判は、菊池（1979：44）にもみられる。「コミュニティの担い手を欧米諸国でボランタリー・アソシエーション、わが国で町内会的ぐるみ組織に見出す見解は、あまりに図式的すぎるのではないだろうか。とくに、前者を『善』後者を『悪』とみる通念ともいえる見解は妥当なものなのだろうか」と述べ、二項対立的な視点へ疑問を付している。また、町内会の機能に関しても、菊池（1990）を参照されたい。

（5）小木曽（1997：24）は、この「管理」に重点を置き、「『管理』概念は『所有』の属性として受動的な行為とみなされていたが、『地域共同管理』論は、それを自治の本質的な能動的行為として捉え直したと言えよう」と、地域共同管理論の特徴をまとめている。さらに、鳥越（1994）があげる「都賀川を守ろう会」の例も、「会が川の『利用』にとどまらず、『管理』に踏み出したところに、行政の『承認』を得る大きな根拠があったと考えられる」と捉え、鳥越の「共同占有権」との近接性をみている。

参考文献

青井和夫，1983，「コミュニティと都市の理論」磯村英一編著『コミュニティの理論と政策』東海大学出版会：93-106.

秋元律郎，1990，「中間集団としての町内会」倉沢進・秋元律郎編『町内会と地域集団』ミネルヴァ書房：129-157.

磯村英一，1953，「都市の社会集団」『都市問題』44(10)：35-51.

近江哲男，1958，「都市の地域集団」『社会科学討究』3(1)：181-230.

小木曽洋司，1997，「地縁関係の現代的意義——町内会研究を通して」『中京大学社会学部紀要』12(1)：1-29.

奥井復太郎，1953，「近隣社会の組織化」『都市問題』44(10)：23-35.

越智昇，1990，「ボランタリー・アソシエーションと町内会の文化変容」倉沢進・秋元律郎編『町内会と地域集団』ミネルヴァ書房：240-274.

菊池美代志，1979，「地域住民組織とコミュニティ形成——諸外国との比較」『都市問題』70(4)：42-53.

————，1990，「町内会の機能」倉沢進・秋元律郎編『町内会と地域集団』ミネルヴァ書房：217-234.

倉沢進，1990，「町内会と日本の地域社会」倉沢進・秋元律郎編著『町内会と地域集団』ミネルヴァ書房：2-21.

鈴木栄太郎，1953，「近代化と市民組織」『都市問題』44(10)：13-23.

高田保馬，1953，「市民組織に関する私見」『都市問題』44(10)：1-12.

鳥越皓之，1983，「地域生活の再編と再生」松本通晴編『地域生活の社会学』世界思想社：159-186.

————，1994，『地域自治会の研究』ミネルヴァ書房．

中川剛，1980，『町内会——日本人の自治感覚』中公新書．

中田実, 1980, 「地域問題と地域住民組織——地域共同管理主体形成論序説」地域社会研究会編『地域社会研究会年報第2集 地域問題と地域政策』時潮社：1-46.

————, 1990, 「コミュニティと地域の共同管理」倉沢進・秋元律郎編『町内会と地域集団』ミネルヴァ書房：191-212.

————, 1993, 『地域共同管理の社会学』東信堂.

中野敏男, 1999, 「ボランティア動員型——市民社会論の陥穽」『現代思想』27(5)：72-93.

中村八朗, 1990, 「文化型としての町内会」倉沢進・秋元律郎編『町内会と地域集団』ミネルヴァ書房：62-95.

仁平典宏, 2002, 「戦後日本における『ボランティア』言説の転換過程——『人間形成』レトリックと〈主体〉の位置に着目して」『年報社会学論集』15：69-81.

松下圭一, 1961, 「地域民主主義の課題と展望」『思想』443：1-23.

吉原直樹, 1980, 『地域社会と地域住民組織——戦後自治会への一視点』八千代出版.

————, 1989, 『戦後改革と地域住民組織——占領下の都市町内会』ミネルヴァ書房.

2

なぜ、いま、地域協働が求められるのか

　1節では、地域住民組織（論）の観点から、1995年「阪神・淡路大震災」
以降、地域コミュニティ再興へと注目が集まる状況を検討する。具体的には、
1995年以降のコミュニティ政策を概観し、地域協働が求められる文脈、「エ
リア型コミュニティ／テーマ型コミュニティ」というコミュニティの観点、
その二項対立的観点の問題点と地域協働を支えるコーディネーターの役割に
ついて検討する。

　2節では、地域住民組織（論）の立場から、地縁組織（エリア型）と市民組
織（テーマ型）の協働の困難さが論じられたが、協働を困難にさせているも
う一つの原因として、地域課題に対する「地域がもつ機能の外部化」を検討
する。そして、社会心理学的観点から、「なぜ人々は、地域課題に対して相
互扶助的対応ではなく、外部化していくのか」という問題について検討し、
物質的豊かさを満たした人々が、公共性や社会に対し無関心を抱く傾向を解
明する。

　3節では、市民組織が希求される経済社会的文脈を検討する。それは、
1995年以降が、地域コミュニティ再興に関する議論や取り組みに注目が集
まる時期でもあったが、実は、経済的及び社会的文脈から市民的ネットワー
クの形成が求められている時期でもあった。こうした経済社会的文脈から、
市民組織あるいは「市民」活動による「ネットワーク」が呼び起こされた状
況を明らかにする。

　4節では、3節でも検討した「貧困」問題が深刻さを増し、その深刻さが
経済社会状況の悪化だけではなく、様々な社会状況と重なることで生じてい
ることを説明する。一部ではあるが、家族形態の変化、共働き世帯の増加、

ひとり親の問題などの現象が重なり合う複合さを検討し、現代社会における地域協働つまり「内部化」の重要性を論じる。

2-1 「阪神・淡路大震災」以降、注目される地域協働とは

地域コミュニティ再興をめぐる文脈

　1980 年代半ばから取られ続けている「規制緩和政策」(1) は、戦後から積み上げられてきた「日本型福祉国家」の根幹を壊す形となった。具体的には、企業中心社会の基礎である労働環境がフレキシブル化し、脆弱であった社会保障制度が薄弱化し、地方における雇用と所得水準が低下し、地方が全般的に疲弊した。(2) とくに、中心市街地の来街者数の減少、商店街の衰退、そして「限界集落」(3) の増加により、地域における「コミュニティ」のあり方が深刻化している。

　規制緩和路線で走り続ける中、2005 年から本格的にコミュニティのあり方が検討され始めた。国民生活審議会総合企画部会（2005）では、「これまでの経済発展は、国民の生活水準の向上をもたらす一方で、企業や行政が主体となって暮らしのニーズを満たす環境を生み出した結果、身近な問題であっても地域の人々が『自立』して積極的に解決に動く意欲を希薄化させた面も否定できない」と指摘している。これまでは地域の諸問題に対する住民の相互扶助的取り組みを、市場セクターあるいは公共セクターへと「外部化」して対応してきた。この両セクターへの住民の「依存体質」が住民の自主性を希薄にしてきたことが、ここで指摘されている。

　国民生活審議会総合企画部会（2005）において、コミュニティへの希求の高まりの原因として第一にあげられているのが、「社会的孤立」の深刻化である。これは、現代でも引き続き問題となる、ニート、高齢者の孤立死、引きこもりなどを指している。例えば、図 2-1 をみると、孤立死（誰にも看取られることなく、亡くなった後に発見される死）を身近な問題だと感じる人の割合（「とても感じる」と「まあ感じる」の合計）は、一人暮らしの 60 歳以上の男女全体で

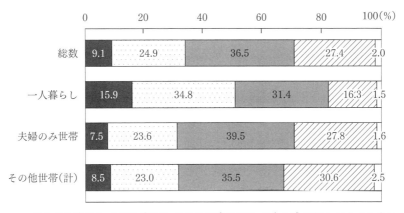

総数　9.1　24.9　36.5　27.4　2.0

一人暮らし　15.9　34.8　31.4　16.3　1.5

夫婦のみ世帯　7.5　23.6　39.5　27.8　1.6

その他世帯(計)　8.5　23.0　35.5　30.6　2.5

■とても感じる □まあ感じる ■あまり感じない ◨全く感じない □わからない

注 1　調査対象は全国の 60 歳以上の男女。
　　2　「その他世帯（計）」は、2 世代世帯、3 世代世帯及びその他の世帯の合計をいう。
　　3　四捨五入の関係で、足し合わせても 100％にならない場合がある。

図 2-1　孤立死を身近な問題と感じる者の割合

内閣府（2021：図 1-2-4-13）をもとに作成。

は 34.1％だが、一人暮らし世帯では 50.8％となっている。

　また、「死因不明の急性死や事故で亡くなった人の検案や解剖を行っている東京都監察医務院が公表しているデータ」をもとにした図 2-2 によると、東京 23 区内における一人暮らしで 65 歳以上の人の自宅での死亡者数は、2019 年に 3936 人となっている。10 年間で 1800 件近く増え、孤立死と考えられる事例が多数発生していることがわかる。

　第二は、企業や行政が果たす役割の限界という問題である。「そもそも、営利企業は本質的に採算を考慮せざるを得ず、社会的に重要であっても市場で評価されない財・サービスの提供について制約がある。このため、企業の社会的責任（CSR）に対する認識が高まる中で、地域活動を行う団体との協力・連携などに関心が寄せられている。一方、行政も公平性を原則とするため、均質的なサービスを提供するには効率的であっても、多種多様なニーズにきめ細かに対応することにはなじまない。加えて、昨今の厳しい財政制約の中で、これまで行政が担ってきた公共サービスの提供をより効率的な主体

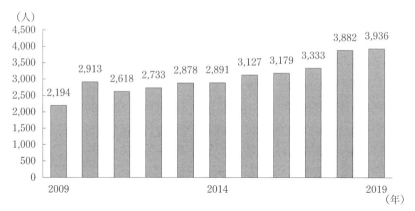

（人）

図2-2　東京23区内における一人暮らしで65歳以上の人の自宅での死亡者数
内閣府（2021：図1-2-4-14）をもとに作成。

に任せていく動きが進んでいる」（国民生活審議会総合企画部会 2005：4-5）。

　企業あるいは市場セクターでは、自由を規範とし私益を求める効率的な活動が行われるため、格差問題が生じやすい。他方、行政あるいは公共セクターでは、そのような格差あるいは不平等を是正するため、平等を原理に補完的に公益を求める活動がなされる。しかしながら、そのセクターは平等性を追求するために、均質的かつ画一的なサービス提供をうんでしまうという問題がある。こうした、「市場セクターかあるいは公共セクターか」という二者択一的選択ではなく、その二項対立的思考を超えて、行政や企業だけでなく、人々の暮らしを支える主体として、市民が形成する自己解決能力を備えたコミュニティの役割が再び注目されている。

　こうした「行政─企業─コミュニティ」という三者関係化を目指す国民生活審議会総合企画部会（2005）の意向も、地域コミュニティの再興への原因の一つであるが、その再興を促した直接的原因は、1995年1月17日の「阪神・淡路大震災」である。多くの死傷者を出した出来事であるが、この出来事を通じての地域内、県外・海外でのボランティアあるいは市民活動が、自分たちの住むコミュニティのあり方について再注視させた。「市民活動の展開の背景には、阪神・淡路大震災等の発生に際し、多数のボランティアや市

民活動団体が精力的に活動を行い、多くの人々の共感や信頼を得たことが挙げられる。昨年の新潟県、福井県を中心とした豪雨災害や新潟県中越地震災害においても、全国から集まったボランティアや市民活動団体の活躍が大きく伝えられた」（国民生活審議会総合企画部会 2005：16）。

　この震災以降、地域コミュニティの再興に向かう機運から、1998 年に「特定非営利活動促進法（NPO 法）」が制定される。翌年に、「市町村の合併の特例に関する法律（合併特例法）」が制定され、合併市町村においては、市町村と住民との中間にあるコミュニティの重要性が一層増し、2001 年に「認定NPO 法人制度」が始まり、各 NPO 団体に法的根拠が与えられたことで各地に NPO センターが設立された。翌年、内閣府国民生活局が『中間支援組織の現状と課題に関する調査報告書』を提出する。(4)

　また、地域コミュニティ再興には、血縁や地縁ではない「つながり」として「ソーシャル・キャピタル」が必要である、と理論面からも注目される。具体的には、2003 年、同局が、『ソーシャル・キャピタル――豊かな人間関係と市民活動の好循環を求めて』の中で、市民活動事例と定量的把握から、ソーシャル・キャピタルの重要性を説き、市民活動が「市民活動への理解者、支援者等を増やして、信頼に基づいたネットワーク（ソーシャル・キャピタル）を拡大する原動力となり、更なる自発的な市民活動の発展に結びつくという好循環をもたらすと考えられる」（内閣府 2003：7）と結論づけている。さらに、2005 年、内閣府経済社会総合研究所が『コミュニティ機能再生とソーシャル・キャピタルに関する研究調査報告書』を提出する。続いて、同年、国民生活審議会総合企画部会が『コミュニティ再興と市民活動の展開』を出し、同年 3 月、総務省が「分権型社会における自治体経営の刷新戦略――新しい公共空間の形成を目指して」研究会を立ち上げる。

　このように、「市民活動・NPO・ボランティア」（以下、「市民組織・活動」）が注目を集める理由は、地縁組織・活動と違い、特定のテーマや関心に基づいた組織であり、各集団や団体を横断して形成されるからである、と考えられる。

エリア型コミュニティ／テーマ型コミュニティ

　さて、ソーシャル・キャピタルが「地域コミュニティの再興」のキーワードとなるが、国民生活審議会総合企画部会（2005）では、コミュニティを、自主性と責任を自覚した人々が、問題意識を共有する者どうしで自発的に結びつき、ニーズや課題に能動的に対応する人と人のつながりの総体のことと定義している。また、1969 年の「コミュニティ政策」(5) と同様に、自発性や自律性に基づくつながりが重視されている中、まず、同じ生活圏域に居住する住民の間で作られるコミュニティを「エリア型コミュニティ」、特定のテーマのもとに集まって形成されるコミュニティを「テーマ型コミュニティ」として 2 つに分けてコミュニティを捉える。(6)

　そこで、コミュニティを再興させるために、エリア型とテーマ型の関わりによる多元的コミュニティが想定され、この両者を橋渡しするために、ソーシャル・キャピタルが必要になるという論理展開である。つまり、これからのコミュニティとして、エリアに属する人だけではなく、テーマに基づいた人々の参加による多元的コミュニティが描かれている。そのエリア型とテーマ型とが関わるためには、地縁（所属や出自といった所与となるつながり）ではなく、「市民」としての「信頼・規範・ネットワーク＝ソーシャル・キャピタル」の構築が必要となる。

　これまでの地縁組織・活動と「市民組織・活動」は表 2-1 のような形でまとめられる。

　この注目を浴びる「市民組織・活動」は、特定分野をターゲットにした専門的な役割が多い。その分野として上位にあるのは、高齢者福祉、まち・むらづくり、障がい者福祉、自然環境の保全などであり、エリアに限定されない活動といえる（内閣府 2004）。他方、地縁組織・活動の役割は、「市民組織・活動」とは対照的に、多岐にわたる受け皿的な役割である。その包括的な仕事の内訳は、環境美化・清掃・リサイクル、住民相互の連絡、お祭りなどのイベント開催、行政からの連絡、防災活動・地域の安全確保などである。このような包括的役割であるために特定テーマや課題に対応しづらく、また、

表 2-1　地縁組織・活動と市民組織・活動の特徴

	地縁組織・活動	市民組織・活動
行政との関係	行政の補助的機能	行政からの自立
コミュニティの種類	エリア型コミュニティに所属	テーマ型コミュニティに参加
活動形態	生活全般にわたる活動	特定分野の活動
加入条件	原則、全世帯加入	自由な参加
区域	行政区域内に限定	行政区域にとらわれない
ネットワーク	結束型	橋渡し型

内閣府（2004）をもとに筆者作成。

地縁組織・活動に携わる人々の高齢化により「後継者の不足」が生じている（内閣府 2004）。

　このように、地元住民を「結合」する活動を「地縁組織・活動」と分類した上で、崩壊しつつある地域型コミュニティを再生する期待は市民組織・活動の方に置かれている。「個々の市民、地縁型団体、市民活動団体、企業、行政などコミュニティを取り巻く主体が、それぞれの役割に対する意識改革を図りつつ、市民活動を中心とした新たなつながりや協力関係が築かれていくことを期待する」（国民生活審議会総合企画部会 2005：36）。

　このシナリオは、垂直的で閉鎖的なネットワークを含む地縁組織・活動が、ボランティアなどの新しい市民活動の影響により、水平的なネットワークへと変質する可能性も示唆する（内閣府 2003：89）。つまり、自発性に基づいた「市民活動」の影響から、地縁組織・活動が市民として共に活動していくというシナリオが底流にあると考えられる。(7)

　一方で、地域が抱える問題や住民のニーズの多様化と高度化により、ますますコミュニティの存在が不可欠となる。他方で、多様化する諸問題に対し、エリアに限定されず横断的な活動範囲と専門性を活かした市民組織・活動が、コミュニティの形成あるいは活性化にとって重要となる。

新たな公共と地域協働

　国民生活審議会総合企画部会 (2005) の構想を受けて、総務省は、2005 年に「分権型社会における自治体経営の刷新戦略──新しい公共空間の形成を目指して」という研究会を作り、2007 年には「コミュニティ研究会」を発足させ、2008 年 7 月に「新しいコミュニティのあり方に関する研究会」を発足させ、1 年で 10 回の研究会の後、2009 年 8 月 28 日に報告書を提出している。

　その報告書でのキーワードは、「新たな公共」と「地域協働体」である。これらが重視される理由として、総務省は「社会経済情勢や価値観の変化に伴い、住民が公共サービスに求めるもの（住民ニーズ）は多様化・高度化していくが、地域における住民ニーズに応えるのは行政のみではないということが今後より一層重要な視点となると考えられ、行政以外の主体による地域における公共サービスの提供、地域協働の推進は今後の地域経営の重要な課題であると考えられる」（総務省 2009：6）という。このコミュニティの必要性は、市場セクターでも公共セクターでもない、共助セクターとしてのコミュニティという位置づけであるが、取り組み方に若干の変化がみられる。それは、地域住民が行政サービスの担い手として位置づけられている点である。

　おそらく、これは「平成の大合併」が影響していると考えられる。この市町村合併の動きは 2003 年から 2005 年にかけてピークを迎え、1999 年 3 月末時点で 3232 あった市町村の数は、2006 年 4 月には 1820 にまで減少し、2010 年 3 月末の時点で 1727 となった。こうした合併による市町村数の減少と変容から、「地域コミュニティをはじめとする地域における様々な主体がそれぞれの立場で新しい『公共』を担うことにより、地域にふさわしい多様な公共サービスが適切な受益と負担のもとに提供されるという公共空間（＝「新しい公共空間」）を形成していくという視点に立つ」た取り組みが重視されていく。この取り組みを「地域協働体」という。その地域協働とは、「一定の地域を前提として、そこに存在する住民が参画している多様な主体が、当該地域が必要とする公共サービスの提供を協力して行う状態」（総務省 2009：4）

を指す。このように、地域コミュニティの再生を、地域資源の再創造を様々な主体の協働から行うことが掲げられている。

この「協働」に関して、廣田は「参加」と「協働」から説明する。廣田によると、両者の違いは「基本的な発想あるいはものの見方」にある。行政が公的な課題を果たす主体であると想定されているとき、市民はそれをチェックする役割として位置づけられた。この行政と市民が別々に考えられているときに、「参加」の意義が強調された。他方、公的な課題を遂行する主体は、行政だけでなく多様な主体からなり、役割分担がなされる。それゆえに、「協働」概念が使われることになった（廣田 2005：38-40）。

参加と協働の違いは「基本的な発想あるいはものの見方」にあるだけでなく、それらには根本的な違いがある（小木曽 2008：218-219）。「協働」では、行政と住民や市民との関係を制度として構築することが描かれる。それに対し、1969 年の「コミュニティ政策」における「参加」では、行政、地方公共団体、そして「行政の下請け」である地縁組織から距離を保つ「自立した個人」が念頭に置かれている。この「国家―行政」から距離が置かれているゆえ、「自立した個人」、つまり市民として行政に対する批判が可能となる。それゆえ、社会関係を構築しようとする方向性は描かれていない。したがって、「対立構造のゆえに参加概念が行政と住民・市民を結びつける役割をもったのに対して、協働はこの対立構造が克服されてこそ成立する」（小木曽 2008：222）という指摘もある。

こうした議論がある中、多様な主体によるコミュニティの形成と新たな公共という文脈からすると、やはり、「参加（民主的意志決定）」と「協働（地域社会自身による公共サービスの確保）」（名和田 2014：9）が車の両輪のようにバランスとなっていることが重要なポイントとなっている。また、多様な主体が関わるということは、市民組織か地縁組織かという二項対立図式でなく、何らかの問題を解決するために、それぞれの特性を活かしながら、「対等な立場」で協力する活動として協働を捉える（森岡 2010）ことでもある。

そして、乾（2014：29-30）は、「市民組織・活動」と地域住民組織の協働

（連携）に関して、次のように論じている。この必要性がいわれて久しいが、首尾よくいった事例は少なく、その理由は、両者の立つ行動原理の違いであるという。「市民組織・活動」の人たちは自分たちの課題達成のために地域に入っており、最終的な目標は当該地域の外にある。他方、地域住民組織成員の行動原理は、「この地域のため・地域愛」である。被災地に入り込んで活動する NPO の事例などをあげながら、NPO が地域住民組織と協働できるためのキーワードを「地域愛」としている。そこで、一つの可能性としてあげているのが、「地縁型市民組織」である。具体的にいうと、地域住民自身が地域課題解決のために志ある仲間を集め市民活動型グループを作り、その動きを地域住民組織が認知しバックアップすることで、新しい有意の活動を展開していくというものである。

　こうした地縁組織（エリア型）と市民組織（テーマ型）を二項から捉える立場の到達点の一つが「地縁型市民組織」である、と筆者は捉える。たしかに、各組織がどのように歩み寄り、それぞれの強みを発揮するのかという点から考えると、協働には各組織の原理が大きな重みをもつ。しかし、それぞれの強みを備える組織は、どのようにしてあるいはどのような場面で出会うのだろうか。筆者は、こうした根本的な場面で、地域ニーズに応じて各組織を出会わせ調整する「コーディネーターがいて協働が可能となるのではないか」という立場から論じていきたい。このコーディネーターの重要性は、コロナ禍を経て一層増している。

近年の地域コミュニティをめぐる動向——地域協働を支えるコーディネーター

　総務省「地域コミュニティに関する研究会報告書」（2022）で、新型コロナウイルス感染症の感染拡大、近年の自治会等の担い手不足あるいは加入率の低下などから地域コミュニティ活動の中止・休止などの現状が検討されている。そうした現状を踏まえた対応策が、3つの点、「地域活動のデジタル化」、「自治会等の活動の持続可能性の向上」、「地域コミュニティの様々な主体間の連携」から検討されている。とくに、防災分野及び地域福祉分野での連携

の必要性が述べられており、その連携を実現するためには、1. 情報の把握とその「見える化」、2. それらの分野の活動における目的の明確化、3. 連携のコーディネーターの役割、4. 地域の居場所づくりを通じた多世代交流と主体間連携、5. 資金面・非資金面の支援のあり方があげられている。連携においては、ニーズへの対応と調整を可能とさせる「コーディネーターの役割」があげられており、さらには、そうした連携を支える「居場所づくり」を通じた多世代交流と主体間連携といった「多機能な地域づくり」にも注目を注いでいる。

『コミュニティ政策20』「特集　座談会」（金谷ほか 2022：93-99）では、豊中市、伊賀市、立川市の社会福祉協議会の活動にふれながら、地域福祉コーディネーターの存在、福祉サービスの行政委託、地域福祉をコミュニティ政策にどのように位置づけるのかといった様々な点をあげ、筆者のまとめによると、「地縁系」と「福祉系」との活動の連携をいかにしていくのか、あるいはそれらがどのようにしたら可能なのかという課題があげられている。

そして、厚生労働省（2017）からは「地域共生社会」の実現に向けた改革の骨格が提示されている。その骨格とは、1. 地域課題の解決力の強化、2. 地域丸ごとのつながりの強化、3. 地域を基盤とする包括的支援の強化、4. 専門人材の機能強化・最大活用である。その実現する社会とは、「制度・分野ごとの『縦割り』や『支え手』『受け手』という関係を超えて、地域住民や地域の多様な主体が『我が事』として参画し、人と人、人と資源が世代や分野を超えて『丸ごと』つながることで、住民一人ひとりの暮らしと生きがい、地域をともに創っていく社会」である。

総務省「地域コミュニティに関する研究会報告書」と厚生労働省「『地域共生社会』の実現に向けて」を並べてみて、もちろんすべての立場・視点に対応することはできないが、人と人、人と資源、活動分野の連携を可能あるいは支える「何らかのコーディネーターの役割」が、一つの重要なポイントになっていることがわかる。そこで、4章において、「地縁系活動」あるいは「福祉系活動」の連携を探るため、筆者が参与観察する団体の活動領域で

ある東京都文京区を対象とし、そこで地域福祉の増進を図る文京区社会福祉協議会、とくに地域福祉コーディネーターの活動に注目し論じていく。

2-2　「豊かな社会」がもたらす「功罪」——外部化と公共性への無関心

相互扶助から専門機関処理へ

　前節で、地域住民組織（論）の立場から、地縁組織（エリア型）と市民組織（テーマ型）の協働の困難さが論じられた。もちろん、協働に関して組織論からの指摘も重要であるが、本章では、協働を困難にさせているもう一つの原因として、地域課題に対する「地域がもつ機能の外部化」をあげる。

　未だに、都市では、「隣は何をする人ぞ」という形で匿名性が高く、住民間の共助的な取り組みは困難である。それゆえ、地域に生じた課題に対して、共同的に解決するのではなく専門機関（企業・行政）に委ねることが多くなる。この専門的処理を担うシステムこそが都市的生活の特徴であり、このシステム浸透がコミュニティのあり方を変化させた。この 1970 年代における日本の地域社会の変動を、倉沢（1981：1-16）は「都市的生活様式の進化と拡大という意味での都市化過程として」特徴づける。倉沢が捉える「都市と農村の生活様式」の違いをあげておくと、「村落と都市の生活様式上の差異とは、第一に、村落における個人的自給自足性の高さ、逆にいえば都市における個人的自給自足性の低さを指摘すべきであると考える」。

　両者の共同の様式も差異は明確である。農村の場合、「非専門家である住民が、例えば屋根を自家の力だけで葺きかえることの困難な故に、何戸かと共同して、今年は A の家、来年は B の家というように葺きかえをする」。他方、都市の場合、「専門家・専門機関である、屋根職人・工務店などに金銭を対価として支払い、サービスや物財を購入する」（倉沢 1977：25-26）。非専門家である住民の相互扶助システムを原則とする共同処理に代わって、専門家あるいは専門機関の分業システムを原則とする共同処理が主となるのが、都市的生活システムである。

自家内及び地区内で自己完結していた事柄や生活環境のあり方が、都市と農村とを問わず、相互扶助的処理あるいは対応から、行政サービスや商業サービスへ移行している。これは、これまで生活は近隣住民間で自己完結していたが、教育が学校へ、病気が医療機関へ、食事が外食産業へと専門事業として各々「外部化」することで、われわれの生活は、各事業あるいは行政の存在なくして生活しえなくなる。[8]

　少しばかり例をあげたい。筆者が、埼玉県ふじみ野市にある公民館を訪れた際に館長あるいは町会長から聞いた話がある。昔からある公民館がなぜ160㎡以上の広さがあるのかというと、1970年代まで、結婚式場として、地元住民は公民館を利用することが多かったそうだ。しかも、旧大井町のある公民館は最寄り駅までかなり遠く、また近いとされる上福岡駅や鶴瀬駅には宿泊のためのホテルがまだ存在していなかった。そこで、遠方から来た親戚関係者を宿泊させる場所がないため、結婚式が終わったら公民館はそのまま宿泊所となったそうだ。ある意味、当時の公民館は「式場兼宿泊施設」といえ、地域住民には結婚の門出を地域全体で祝い、新郎新婦の親戚関係者を地域で受け入れるという姿勢があったと考えられる。現在では、公民館の結婚式場としての機能はブライダル業界へ、また宿泊機能はホテル業界へと移行している。まさに、地域機能の外部化といえる。

　一方、未だに、地域課題に対して相互扶助的対応がなされている地域もある。各市区町村は道路清掃に対して「清掃局」などにより行政対応しているところが多い中、2015年から2017年の間、プロジェクトで訪れた埼玉県越生町Z地区では、「道普請」がなされていた。自分たちのまちのことは自分たちの手でマネジメントしていた。その地区に学生がお世話になる中、「地域の方と、学生が顔の割れる関係を築くためには、どのような地域活動に、まず参加するのがよいのか」と尋ねたところ、「道普請ですね」という答えが返ってきた。交通整理をし、道を掃き、落ち葉を集め、土砂を移動させ、清掃後の食事を作るなど、各人が役割を分担して作業を進める。この一連の作業に携わることにより、「地域の一員」として認められていくのだ。こう

した地区がありながらも、現在、「道を皆で請け負う」という作業が、行政あるいは専門機関への処理へと移行していくことで、住民のまとまりを作る一つの機会が失われている。

さらに、町会・自治会の広報配布にも外部委託が進んでいる。一般的には、市区町村の広報は町会・自治会を通じて配布されることが多い。しかし最近では、町会・自治会などのメンバーの高齢化による業務への負担増、個人情報の取り扱いの難しさ、セキュリティ問題からの住居とくに集合住宅への戸別訪問の難しさなどから、広報の配布を「ポスティング会社」に委託している市区町村が出てきている。広報配布一つを考えてみても、問題の複雑さが伺える。

筆者が関わる事例であったが、道普請、公民館の役割、町会・自治会による広報の配布といった地域住民の間につながりをうむ機会や機能が、地域外の人々あるいは業者へと外部化されている。

「豊かな社会」がもたらしたマインド——他人指向型／表現主義的個人主義

なぜ人々は、地域課題に対して相互扶助的対応ではなく、外部化していくのか。まず、外部化をする理由として「利便性や簡便性」があげられよう。しかしながら、もう一つ深い理由がありそうだ。その理由を先取りしていえば、物質的豊かさを満たした人々が、教養や余暇の充実を目指す質的文化に関心をもつより、むしろ「公共性や社会に対し無関心を抱く」という傾向である。

この点から検討していこう。「物質的豊かさの達成にもかかわらず、むしろその達成がうんだ不安や孤立」について、社会心理学から大衆社会を論じたリースマンやその他の思想家も同様の指摘をしている。(9) 彼らの思想をもとに、この物質的豊かさの達成とそれによる不安の増大の関連性を検討しよう。

リースマンは、「物質的豊かさ」が達成されたとする 1950 年以降のアメリカ社会に焦点を当て、『孤独な群衆』（1961＝1964）を書いた。彼は、「豊か

な社会」における特徴的な「社会的性格」を、行動の基準を他者とりわけ同時代の仲間に置くという「他人指向型性格」として捉えた。では、その「物質的豊かさ」を追い求めた社会的性格とは何であろうか。

　その性格は「内部指向型性格」であり、自己の信念や価値観を外部へと拡大し、内面の価値観へと外部を取り込んでいく。その性格は、16、17世紀以来の近代社会から支配的となった。具体的には、その社会は、国富増大といった国家目標、大航海といった新たなフロンティア獲得を目指した「拡大」を特徴とする社会（Riesman 1961：14＝1964：12）であった。それゆえ、その社会の個人は、自己の目的を充足させるため、「予定説」と「召命—職業倫理」からなるウェーバーの『プロテスタンティズムの倫理と資本主義の精神』で主張されたような、「合理的態度」をもつ。

　この自己充足を追い求める個人が、富あるいは物質的豊かさを追求して達成された社会が「豊かな社会」である。その豊かさが達成された社会における新たな社会的性格が「他人指向型」である。

　その他人指向型は、自己の指針に基づき自己充足を目指し外部を内面化するのではなく、指針や基準の評価を他者に求める性格である。例えば、近代初期では家族という単位は各人の生活の指針であったが、これは社会的物理的流動性の増大、マスメディアの発達による情報の増大などから、持続的な目標を与える根拠でなくなる（Riesman 1961：25＝1964：20）。つまり、生活の指針としての絶対的根拠が相対化されたことで、現時点で支配的な流行や情報に同調し、人々は漫然たる不安を埋め合わす。

　こうした不安を埋め合わすのが「スタンダード・パッケージ」である。人種差、年齢差、性差、地域差を越えた中間多数派の生活様式、つまり電化製品、衣料品、食器、キッチンなどから構成された平均的な枠組みが、人々の関心を引きつけ、安心を与える。なぜなら、「他人指向型に共通するのは、個人の方向づけを決定するのが同時代人である」（Riesman 1961：21＝1964：17）からだ。また、その情報が移り変わる流行であるため、絶えず、人々は、その情報に照準を合わせなければならない。その心理状況をリースマンは、「群

衆の中の孤独」と呼ぶ。

　このように、リースマンは、自己充足を目指す「競争的個人主義」の行き着く先を見抜いていた。それは、家族や地域共同体から自己を解放し、自己充足を求め続けた結果、「群衆の中の孤独」という不安状態へと陥り、他者への順応化が起こるという逆説である。ベラーも、『心の習慣』において、「人びとは集団内にいるときではなく、孤立しているときにもっとも均質化しやすいということを私たちは確認した」（Bellah 1985：307＝1991：368）と結論づけている。つまり、自分だけは責任や義務を負いたくないため、「みんなが負うのであれば」という消極的な帰属意識から、流行といった誰にでも当てはまるものに靡いてしまう。

　他方、リースマンとは別の形で、豊かな社会以後の社会的性格を論じたのは、セネットの『公共性の喪失』（1976＝1991）である。リースマンが説く「内部指向型から他人指向型へ」ではなく、むしろその逆であるという（Sennett 1976：5＝1991：18）。物質的豊かさを達成した人々は、自分たちの資産やライフスタイルを同じくする者たちと集い、自分たちと共有できない他者や社会から距離を置く。さらに、経済的競争、経済トラブル、人間の疎外が問題視されていくにつれ、それらと全く関わりがなく、心を癒す理想化された避難所として、家族や共同体が重視される。家族が社会的環境の一部へと降格するというリースマンの指摘とは違い、家族は道徳的に善い場所と想定されていく。つまり、人々は「私生活」へと退歩し、「公共性」に対し無関心となる。そして、人間どうしをつなぐ媒介には内面性や親密さしかないと感じ始める個人を、「群衆の中の孤独」ではなく「部族生活への回帰」としてセネットは捉える（Sennett 1976：339＝1991：471）。

　したがって、リースマンもセネットも、自己充足を求めた個人が行き着く先を、前者が、他者へと順応化し均質化してしまう個人、後者が、公共的世界から退歩し私的世界へと逃げ込む個人として暗示していた。

　ベラー（1985＝1991）も、当時の社会を個人主義化が進んだ社会と捉え、競争的で自己の充足を求める「功利主義的個人主義」だけでなく、「表現主

義的個人主義」が蔓延していると指摘する。

　功利主義的個人主義では、自分の個人的な目的を実現するために他人を手段として用いる。そして、表現主義的個人主義は、富の追求や競争による勝利でなく、他人とは親しく付き合いつつ自らの感情や個性を表現することにエネルギーを注ぎ、自己を深く掘り下げた内面を表現することに重点を置く。つまり、表現主義的個人主義は「ライフスタイルの飛び地」（Bellah 1985：179＝1991：218）を共有する者たちだけの世界に関心をもち、その外の世界をカオスとして放置することで、「公共的世界の諸問題から私的避難所」（Bellah 1985：180＝1991：218）を作る。ここでの指摘はセネットに近いといえるが、いずれにせよ、「個人主義」は公共的世界やコミュニティへと参加せず、自己の独立性の維持と拡大に主眼を置いた個人である。(10)

　このように、「物質的豊かさ」が満たされた社会における人々の社会心理を検討すると、個人が「物質的豊かさの享受」から「社会や公共性に対する関心」へと移行するよりも、自身の生活水準の維持あるいは拡大を目指し、「私的生活」へと閉じこもる心理的傾向が見出された。

　高度経済成長期に重なるように、日本で実施された「コミュニティ政策（3期にわたり 1971-92）」の成果が3つにまとめられている（倉沢 1998：9-10）。一つ目は施策で設けたコミュニティ範囲、二つ目は活動できる物的基盤の形成をあげた中で、三つ目は、活動内容が趣味、娯楽、教養といった個人の内面的充実には寄与するが、地域社会の問題解決能力の発展に直接寄与はしていないものの、親交的コミュニティが形成されたことである。つまり、趣味娯楽及びその活動の物的基盤の形成を通じて個人の内面的充実を図ることには寄与したが、地域課題の解決能力を養うことには貢献できなかったのである。

　戦後の高度経済成長により経済的豊かさが達成されたことで、「物質的及び精神的余裕」から分かち合いの社会が生じるというよりは、人々のマインドは社会や公共性の無関心へと移ってしまった。だから、コミュニティにおいても、地域課題の解決に向けた活動ではなく、自己充足を目指した娯楽活動に人々は向かうようになったといえる。

2-3 市民組織が台頭する「予想外の」経済社会的文脈
——「民間」主体の活性が引き起こす「市民」ネットワーク

規制緩和・構造改革路線とは

　前節では、地域機能の外部化が進み、その相互扶助的な対応から専門機関への依存は「経済的豊かさ」がもたらすマインドの変化にあるということが理論的に検討された。こうした地域社会における状況でありながら、1980年代以降、日本経済の基本ラインとしては、新自由主義改革路線、規制緩和路線、構造改革路線と呼ばれるものが前景に出てくる。その路線を取った政権として、主に、中曽根政権、橋本政権、小泉政権があげられる。以下、各政権の特徴を概観する。

　その中曽根政権（1982〜87年）の路線は、「臨調・行革」路線といわれる。主に、1985年の「第四次全国総合開発計画策定経過報告書」にその路線の特徴が盛り込まれる。具体的には、「日本プロジェクト産業協議会」が提案する民間活力導入・規制緩和による「大規模公共事業（東京大改造、東京湾岸道路、関西新空港など）」がある。東京大改造では、東京の世界都市機能強化が目指され、また、行政改革により、日本において財政再建のための民営化、中でも国鉄、電電、専売という三公社の民営化が行われた（岡田 2010：19）。

　そして、1991年に「バブル経済」が崩壊し、1993年に非自民連立政権の細川首相により「経済改革研究会」が設置され、規制緩和政策が進められた。1994年に「ガット・ウルグアイ・ラウンド」が妥結し、日本では米も含むすべての農産物の貿易が自由化され、1995年には「GATT」体制から「WTO」体制が誕生する。

　その後、自民党へと政権が戻り、橋本政権（1996〜98年）が「六大改革」に取り組む。とくに、それは「橋本行革ビジョン」と呼ばれ、のちの「経団連ビジョン2020」の考え方にほとんど踏襲され、そのコンセプトは「多国籍企業に選んでもらえる国づくり、地域づくり」である。

　経団連ビジョンの総論となる基本的な理念は、「活力あるグローバル国家」

を目指し、「世界から信頼され、尊敬される日本」である。その理念のもとで、ビジョンの各論では以下のことが目指される。「経済・技術」では市場経済体制のもとで活力溢れる経済を構築する。「政治・行政」では政治リーダーシップを確立し、透明で小さく効率的な政府を実現する。「外交・国際交流」では、世界の平和と繁栄に積極的な役割を果たす。「教育」では、創造性を引き出す人材育成システムを確立する。「企業」において、企業は「真に豊かで活力ある市民社会」づくりの中心的役割を担うと共に国際社会から信頼される企業市民となる。これらを実践し、「活力あるグローバル国家」として「魅力ある日本」を創造する（経済団体連合会 1996）。

　そこで、橋本内閣は、多国籍企業から「高コスト」にみえる賃金、法人税、社会保障負担等に関する改革に迫った。1996 年に、行政改革、財政構造改革、社会保障構造改革、経済構造改革、金融システムの「五大改革」として提起され、1997 年に教育改革が加わって「六大改革」になった。1998 年の参議院選挙で大敗し首相を辞めた後も、改革路線が続いた。例えば、法人税率の引き下げと消費税率の引き上げ、社会保険料などの国民負担の増大、労働法の見直し、国と地方の行財政権限の見直しが強調され、地方分権一括法及び中央省庁等改革という形で、改革路線の構想が、2000〜01 年にかけて次々と具体化されていく。

　こうした構造改革路線をさらに推し進めたのが、小泉政権（2001〜06 年）であり、彼の改革の本丸は「郵政民営化」である。2002 年、経団連と日本経営者団体連盟が合併し、「日本経団連」が発足し、奥田碩氏が会長に就任し、『活力と魅力溢れる日本をめざして』を発表する。内容は、「メード・イン・ジャパンからメード・バイ・ジャパンへ」の御旗のもと、「民主導・自律型の経済社会」の実現に向けて改革に取り組むというものである。さらに、「小泉政権が誕生したのも、改革を望む国民の意志によるもの」としており、小泉改革路線を「日本経団連」は支持している。「国民の意志」と経済界からの追い風を受け、小泉首相は、郵政民営化を本丸とし、社会保障改革、平成の大合併、三位一体の改革などにより、新自由主義的な政策を展開する（日

本経済団体連合会 2003：28-36)。

日本型雇用の解体と「民間」主体の活性

　このように、1980 年代半ばから、日本では経済政策の基本ラインとして、「新自由主義政策」が取られてきた。この 20 数年間にわたる構造改革路線が、日本型福祉国家の根幹を「ぶっ壊す」ことになる。この改革の柱は、「資本負担の軽減」、「企業の活動に対する様々な規制に対する緩和」、「公共部門の民営化」の 3 点にまとめられる（渡辺 2008：50-62)。

　さて、「1995 年」に注目したい。この年は、「阪神・淡路大震災」に対し、県外あるいは国外からの市民ボランティアによる復興への貢献活動から、「ボランティア元年」とも呼ばれている。そこでの重要なポイントは、「連帯としての市民ボランティア」といえよう。また、別の意味で、1995 年は注目を集める年であった。この年は「働き方」が大きく変更された年、つまり日本経営者団体連盟『新時代の「日本的経営」』（以下、『報告書』）が出され、実行に取り掛かる礎が築かれた年である。具体的にいうと、日本特有の雇用形態である「年功序列・終身雇用制」が問題視され、「日本型雇用形態」を「構造改革・規制緩和」することで、「民間」あるいは個人が経済活動をしやすくするための改革である。

　これまで、日本型福祉国家の第一の柱は「企業社会」による労働者統合であった。それは、労働組合運動によって労働者の生活が保護されるのではなく、企業が正規従業員を囲い込んで、年功序列賃金制と終身雇用制を軸に、労働者を企業に依存させていく仕組みであった。

　ところが、『報告書』が日本の企業社会のあり方を変えた。これまでの正規従業員を新たに 3 つ、「長期蓄積能力活用型」、「高度専門能力活用型」、「雇用柔軟型」に類型化する（日本経営者団体連盟 1995：30-34)。第一の「長期蓄積能力活用型」は、これまでの正社員のことを指す。『報告書』に書かれるイメージでは、多国籍企業の社員として海外と渡り合って闘える、競争力に優れた社員のことである。第二は、文字どおり「高度なスキル」をもった

36

社員である。企業内でのコンピューターのソフトを扱う技術労働者が想定されており、その技術力をもとに会社を渡り歩く。つまり、そのスキルの高さをもとに、一つの会社に閉じ込めておくとスキルアップの機会が失われるため、派遣社員として各会社でその技術力を活かしてもらう。最後の「雇用柔軟型」は、パートやアルバイトのことである。これまでの正規従業員のブルーカラーの大半を指し、単純かつ非熟練作業であるため、彼らは非正規社員に回される。まさに、この『報告書』が、年功序列賃金制と終身雇用制を軸に、労働者を企業に依存させた日本型の仕組みを解体する宣言書となった（後藤 2001：115-117）。

　1997年「経済同友会・通常総会」でも、代表幹事所見テーマは「民間活力を引き出す構造改革を」である。同年の「六大改革」を支持しながら、民間主体の活性化を主流にすることを目的としている。「我々は本年1月に『市場主義宣言─21世紀へのアクション・プログラム』を発表し、経営者の役割を強調した。しかるに、市場経済において最も大切な経営者への信頼を損なう行為が繰り返された。経済の主役を官から民に移すという歴史的転換は、それを受けとめる民の自覚なくして実現できないのみならず、ようやく動き出した改革の動きを後戻りさせかねない。我々民間経営者の行動が今後のわが国経済社会の道筋を決めるのであり、その責任の重さは計りしれない」（経済同友会 1997）。

　この年の3月では、「こうして日本を変える──日本経済の仕組みを変える具体策」というテーマで論じており、経済同友会・経済政策委員長の言葉では、「構造改革推進の基本理念は民主主義と市場原理の尊重である。日本の明治維新以後の近代化の進め方は欧米とは異なっていた。欧米の近代化は市民革命を経て、『民』主体で進められ、市民社会の上に近代国家が形成された。ところが日本では、近代民主主義国家の前提となる市民社会が十分に育っていなかった。そのための官主導の形で『上からの』近代化が進められた。従って日本は形の上では民主主義国家ではあったが、実態は『官主主義』だった」。ポイントは4点あり、1. 自由競争社会の健全な発展を求める、

2．日本では市民社会が十分に育っていない、3．市民社会を育てることが経済発展につながる、4．この「民」とは民間企業を指している、である。

1995年の『報告書』を皮切りに、橋本政権下で「六大改革」が推し進められ、1997年には経済同友会が「市場主義宣言」を行っている。とくに、1995年から推し進められた構造改革・規制緩和で目指されている「民」の自立とは、民間企業及び経営者を指しており、また一労働者に目を向けると、労働市場の流動化を通じた「個人の自立」といえよう。

その後、国内外の大企業が活動しやすい制度環境の創出が進められ、1999年に労働者派遣法が改正され、派遣できる業種は拡大した。2004年にも労働者派遣法が改正され、日本の基幹産業が占める製造業での派遣が解禁となった。そして、2007年に製造業での派遣期間は拡大された。

市民としてのネットワークの希求

規制緩和政策が推し進められ、民間主体の活性がしやすい経済状況、個人のスキルを活かせる雇用環境が整えられる一方、その政策が推し進められた結果、負の側面も生じ始めたのが2005〜06年頃である。この辺りから、メディアにおいて、失業問題や所得水準の低下が話題に取り上げられるようになった。例えば、2006年1月3日朝日新聞では「就学援助問題」が、2006年1月4日毎日新聞では「無保険30万世帯」が報じられ、その年の流行語大賞は「格差社会」である。しかも前年の2005年の流行語大賞は「小泉劇場」であるため、2006年の「格差社会」とは皮肉なものである。そして、2006年7月にNHKでは「ワーキングプア」が、続いて日本テレビでは「ネットカフェ難民」という番組が特集されている。

そして、国立社会保障・人口問題研究所（2010：2）の2007年に関する調査をみてみよう。過去1年間に、経済的な理由で家族が必要とする食料が買えなかった経験をもつ世帯の割合は計15.6％、家族が必要とする衣料が買えなかった経験をもつ世帯の割合は計20.5％、電気、ガス、電話料金が払えなかった経験があるのは、それぞれ4.7％、4.5％、5.0％であった。したがっ

て、生活に困難を抱える世帯が少なからず存在していることがわかる。

　また、過去1年間において、ほとんどの世帯は医療機関を利用しているが、約1割は利用しておらず、その理由には経済的なものが最も多かった。

　さらに、10年前（1997年）に比べて暮らし向きは悪くなったと感じている人が多く、とくに、現在の暮らし向きを「大変苦しい」、「やや苦しい」とする割合が最も多いのは、労働力人口の多数を占める40歳代であり、その割合が最も増加したのも40歳代であった。(11)

　このように、1990年代後半から2000年代前半にかけて、人々の暮らしぶりに明らかな変化が生じている。規制緩和政策を推し進めてきた結果、「格差社会」が生じた社会状況を、湯浅（2008：211）は以下のように捉える。「『効率的なもの』が処理する社会は、必ずしも自由な競争を実現しない。その『効率』は少なからぬ場合、資本投下によって生み出されているからだ。多くの資本を投下されたものが、望ましい効率性を身にまとい、市場で生き残り、そこで蓄積された富が次の効率性を生産する。企業は国から様々な優遇措置を受けて、子は親から高い教育費をかけてもらって、初めて市場的な優位を獲得している。その結果、生まれたときからスタートラインが異なるという『機会不平等』が存在し、セーフティーネットの崩壊（「すべり台社会化」）と生活保障なき自立支援（「再チャレンジ政策」）がそれに追い打ちをかけている」。この著書が2008年4月に出版された後、日本において、さらなる追い打ちをかける出来事が起こる。「リーマンショック」である。2008年末に、アメリカ・リーマンブラザーズ社の経営が破綻し、世界中、もれなく日本企業に対しても大きな影響を与えた出来事である。この出来事に端を発した「労働者の派遣切り」に対する緊急手段として、東京都千代田区にある日比谷公園に「年越し派遣村」が設置された。その派遣村を形成したネットワークが「反貧困ネットワーク」と呼ばれている。

　まとめると、『報告書』を皮切りに「民間」主体が活性するような構造改革が施策として取られてきた。しかしながら、2006年以降、流行語大賞に現れるとおり「格差」状況が顕著になり、リーマンショックがその深刻さに

拍車をかけた。その状況に対する支援として現れた「年越し派遣村」などを
もたらしたのが、ボランティアに代表される「市民によるネットワーク」で
ある。こうした市民による活動の意味を、湯浅（2008：110）は次のように述
べている。「市民という言葉もすっかり人気がなくなった。市民という言葉
には、国の動向とは別に、社会の一員としての立場から社会的に必要と感じ
られることを自主的に行う人々、という意味合いが込められていたように思
う。それは、国民とも会社員とも労働組合員とも、家族の一員とも地域の一
員とも違う、社会に対して責任を持とうとする存在のはずだった」。そして、
「私たちは公的施策の外部にいて、問題提起をし続け、監視し続ける。私は、
そうした市民社会領域の復権を願うものの一人である」。

　このように、2005年頃は、規制にとらわれない自立した個人という「民」
主体の活性を推し進めた経済政策が「格差社会」をもたらす一つの原因とな
りつつも、機会不平等などを是正する「市民」活動による「ネットワーク」
が呼び起こされるという相反することが併存する時期であった。

　労働環境を規制緩和していくことで、形式上は、「世界と渡り合う個人」
となる条件は整えられたといえよう。しかしながら、実質上、その個人は様々
な文脈に埋め込まれ、課題にさらされている。このギャップに対して取られ
た支援活動が、ここでいう市民活動といえよう。

2-4　複合化する社会問題と「内部化」する動き

　さらに、日本では、社会問題が複合化しつつある。その深刻さは、ただ日
本の経済社会状況の悪化だけではなく、様々な社会状況と重なることで生じ
ている。本節では、その状況が生じた複雑さについて、一部ではあるが、本
書と関わると考えられる、家族形態の変化、共働き世帯の増加、ひとり親世
帯の問題などの現象から検討していく。

　図2-3によると、1980年時点では、全世帯の6割以上を「夫婦と子供
（42.1％）」と「3世代等（19.9％）」の家族が占めていた。2020年時点では、「夫

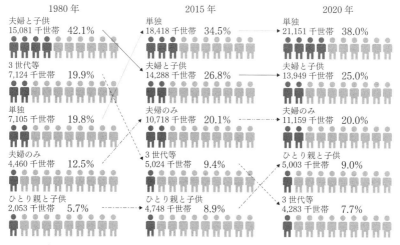

注1　一般世帯に占める比率。施設等に入っている人は含まれない。「3世代等」は、
　　　親族のみの世帯のうちの核家族以外の世帯と、非親族を含む世帯の合算。
　　2　「子」とは親族内の最も若い「夫婦」からみた「子」に当たる続柄の世帯員で
　　　あり、成人を含む。

図2-3　家族の姿の変化

内閣府男女共同参画局（2022：特-5図）をもとに作成。

婦と子供」世帯の割合は25.0％（－17.1％）となり、「3世代等」世帯の割合
も7.7％（－12.2％）に低下している。他方、「単独」世帯の割合が38.0％と、
1980年時点と比較して2倍近く増加し、また、子どものいる世帯が徐々に
減少する中、「夫婦のみ」は7.5％増え20.0％、「ひとり親と子供」世帯は9.0％
となっている。

　図2-4をみると、専業主婦世帯は1989年930万世帯から2019年582万
世帯まで減少している。一方、共働き世帯は1989年783万世帯から2019
年1245万世帯まで増加している。

　また、共働き世帯の割合をみても、1989年42.3％であるのに対し、2019
年は66.2％となっている。

　このように、1980年時点では、「夫婦と子供」と「3世代等」が大半を占
めていたが、2019年時点になると、家族形態に変化が生じ、「単独世帯の増
加」、「夫婦のみ世帯」、「ひとり親世帯」が家族の姿として現れてくる。また、

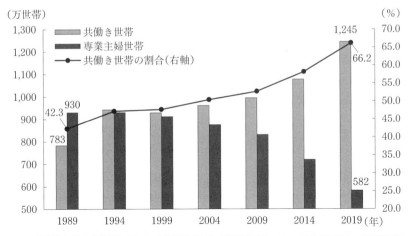

注1　「労働力調査特別調査」と「労働力調査（詳細集計）」とでは調査方法、調査月等
　　が相違することから時系列比較には注意を要する。
　2　「専業主婦世帯」とは、2014年までは夫が非農林業雇用者で妻が非就業者（非労
　　働力人口及び完全失業者）の世帯。2019年は、就業状態の分類。
　3　区分の変更に伴い、夫が非農林業雇用者で妻が非就業者（非労働力人口または失
　　業者）の世帯。
　4　共働き世帯の割合は、男性雇用者世帯に占める割合である。

図2-4　男性雇用者世帯のうち共働き世帯と専業主婦世帯の推移

厚生労働省（2020：図表1-3-14）をもとに作成。

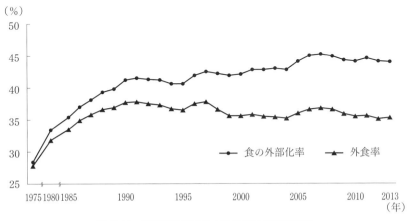

図2-5　食料消費支出に占める外部化率の推移

内閣府（2014）をもとに作成。

働き方としても、共働き世帯が増加し、一方専業主婦世帯層は減少している。

図 2-5 によると、家族形態の変化と食のあり方について、単身世帯の増加あるいは女性雇用者の増加等社会情勢の変化の中で、食に関して外部化・簡便化が進展し定着したと捉えている。

具体的には、外食が食料消費支出に占める割合である「外食率」は、1975年時点では 27.8％であり、1997年には 37.8％とピークを迎えるが、その後はほぼ横ばいである。他方、外食率に惣菜・調理食品の支出割合を加えた「食の外部化率」は、1975年時点では 28.4％であり、その後増え続け、2013年には 44.0％と約 1.5 倍にまでなっている。

図 2-6 の世帯類型別食料消費支出の内訳の変化をみてみると、食料消費支出全体に占める調理食品への支出割合は、「二人以上の世帯」及び「単身

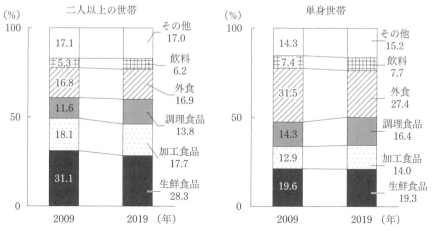

注1 消費者物価指数（食料：2015年基準）を用いて物価の上昇・下落の影響を取り除いた数値。
2 生鮮食品は、米、生鮮魚介、生鮮肉、牛乳、卵、生鮮野菜、生鮮果物の合計。
3 加工食品は、パン、麺類、他の穀類、塩干魚介、魚肉練製品、他の魚介加工品、加工肉、乳製品、乾物・海藻、大豆加工品、他の野菜・海藻加工品、果物加工品の合計。
4 調理食品は、主食的調理食品と他の調理食品の合計で、他の調理食品には冷凍調理食品も含む。
5 その他は、油脂・調味料、菓子類、酒類の合計。

図 2-6　世帯類型別食料消費支出の内訳の変化

農林水産省（2021：図表 1-2-1）をもとに作成。

世帯」のいずれの世帯類型においても増加してる。2019年の食料消費支出の内訳について世帯類型別に見ると、支出割合が最も大きいのは「二人以上の世帯」では生鮮食品（28.3%）、「単身世帯」では外食（27.4%）となっている。しかし、2009年と比較すると、いずれの世帯類型においても支出割合の増加幅が最も大きいものは調理食品となっている。

　図2-7の品目別食料支出割合の将来推計をみると、上記でみた傾向がさらに顕著であることがわかる。外食は1995年時点では21.8%であったのが、2020年では20.6%となり、ほぼ横ばいでその後も高い数値を保つ見込みとなっている。調理食品は1995年時点では9.9%であったのが、2020年では13.8%となり、その後も増加する見込みとなっている。確認しておくが、「外

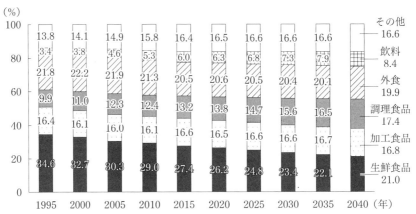

注1　2015年までは、家計調査、全国消費実態調査等より計算した実績値で、2020年以
　　降は試算。2019年時点での試算であるため、新型コロナウイルス感染症の影響は考
　　慮していない。
　2　2015年価格による実質値の割合。
　3　生鮮食品は、米、生鮮魚介、生鮮肉、牛乳、卵、生鮮野菜、生鮮果物の合計。
　4　加工食品は、パン、麺類、他の穀類、塩干魚介、魚肉練製品、他の魚介加工品、加
　　工肉、乳製品、乾物・海藻、大豆加工品、他の野菜・海藻加工品、果物加工品の合
　　計。
　5　調理食品は、主食的調理食品と他の調理食品の合計で、他の調理食品には冷凍調理
　　食品も含む。
　6　その他は、油脂・調味料、菓子類、酒類の合計。

図2-7　品目別食料支出割合の将来推計

農林水産省（2021：図表1-2-4）をもとに作成。

食」や「調理食品」が増えることで、調理する世帯が減少していることを批判しているのではなく、家族内で調理するという一つの行為が外部化しつつあるという事実を問題にしている。

子どもの貧困と「内部化」

　こうして、家族形態の変化、共働き世帯の増加、家庭内での重要な機能である「食」のあり方の変化に伴い、「食の外部化・簡便化」が、一層進み定着していく見込みだ。

　先述のとおり、1997年と2007年を比較検討した国立社会保障・人口問題研究所（2010：2）の2007年に関する調査によると、過去1年間に、経済的な理由で家族が必要とする食料が買えなかった経験をもつ世帯の割合は計15.6%に上った。

　図2-8の相対的貧困率 (12) は、1997年時点では14.6%、2012年では16.1%、2015年では15.6%となっている。子どもの相対的貧困率は、1997年時点では13.4%、2012年では16.3%と跳ね上がり、「子どもの貧困対策の推進に関する法律」の制定に伴ってか2015年では13.9%と減少している。いずれにせよ、子どもの約7人に1人が相対的貧困に陥っていることになる。

　図2-9をみると、全世帯の進学率は常時70%を超えている。ひとり親家庭は2003年の43.2%から2016年には58.5%まで上がっている。一方、生活保護世帯は30%から35%の間、児童養護施設の子どもたちは22%から27%の間での数字となっている。いずれにせよ、全世帯と比べ、ひとり親家庭、生活保護世帯、児童養護施設の数値は低くとどまっている。

　新型コロナウイルス感染症の影響もあり、経済的貧困が一層複合的な形で現れている。とくに、教育関連に深刻な影響を与えている。2023年5月23日東京新聞「年収少ない世帯　塾・習い事断念」によると、教育格差がコロナ禍や物価高で拡大しているという分析が出ている。総務省の2022年の「家計調査」によると、塾代など「補習教育」の費用がコロナ前の2019年と比べ、年収が多い世帯では増加したのに対し、比較的少ない世帯では減少する傾向

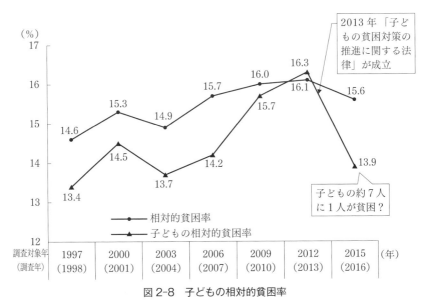

図 2-8　子どもの相対的貧困率

内閣府子供の貧困対策推進室（2019：3）。

が出ていたという。また、「認定 NPO キッズドア」が 2022 年 11 月、支援する家庭に実施した調査によると、「家計維持のために出費を減らしている項目（複数回答）」は「教育費」が 25％に上った。「物価上昇による子どもの学びや生活の変化」では「参考書や本の購入を減らした」が 37％、「塾や習い事をやめた」は 18％に及んだ。

　また、2023 年 7 月 5 日東京新聞の記事によると、教育格差は学力だけの問題にとどまらず、習い事やキャンプなど野外活動といった学校以外での体験活動・学習にも影響が及んでいる。「公益社団法人チャンス・フォー・チルドレン」は 2022 年 10 月に、小学生の子どもがいる世帯の保護者に「体験格差の実態」を調査したところ、水泳、音楽、キャンプ、旅行などで家庭の経済状態による体験格差が際立っていることがわかった。

　コロナ禍を踏まえ、近年では物価高も重なり、今後も教育支出の格差は拡大する傾向にあり、さらに教育格差が「体験格差」につながる現状となっている。

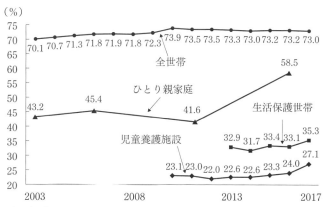

注1 生活保護世帯については、厚生労働省社会・援護局保護課調べ。
　2 児童養護施設については、厚生労働省雇用均等・児童家庭局家庭福祉課調べ。
　3 ひとり親家庭については、2003・2006・2011年度は厚生労働省「全国母子世帯等調査」、2016年度は厚生労働省「全国ひとり親世帯等調査」より作成。
　4 全世帯については、文部科学省「学校基本調査」をもとに算出。

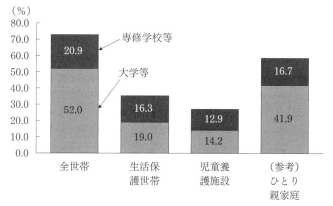

注1 全世帯については、文部科学省「平成29年度学校基本調査」を基に算出。
　2 生活保護世帯については、厚生労働省社会・援護局保護課調べ（2017年4月1日現在）。
　3 児童養護施設については、厚生労働省雇用均等・児童家庭局家庭福祉課調べ（2017年5月1日現在）。
　4 ひとり親家庭については、厚生労働省「平成28年度全国ひとり親世帯等調査」より作成。
　5 大学等＝大学又は短期大学、専修学校等＝専修学校又は各種学校。

図2-9　子どもの大学等進学率の推移

内閣府子供の貧困対策推進室（2019：9）。

さて、近年の日本の経済社会状況の悪化は、人々の暮らし向きを直撃している。家族形態の変化あるいは共働き世帯の増加に伴い、「食の外部化・簡便化」という形で「食」のあり方及び関心が変化している。また、「経済的な理由で食事をすることが困難」となる世帯も増えている。これまで、地域機能が専門機関へと外部化して機能低下していると検討したが、2008年末のリーマンショックなどへの支援を契機に、「炊き出し」、「地域食堂」あるいは「子ども食堂」が全国各地で開催され始め、地域機能を取り戻すかのような地域協働が生じ始めている。今日では「内閣府」で検索すれば、「子ども食堂」や「フードバンク」などの事例や関わり方を知ることができる。

　ここでは、規模は小さいが筆者が関わる地域食堂の立ち上げ及びその活動内容をみることで、地域協働の一例を紹介したい。筆者が関わる学習支援団体（以下、社団A）に参加する子どもたちに食事を振る舞いたいという話が、場所を提供してくださる社会福祉法人B（以下、法人B）からあった。また、法人Bには食事を提供できる施設があるため、ハード面に関しては準備万端であった。同時に、管理栄養士も常駐している。この食事を提供したいというニーズを、文京区社会福祉協議会・地域福祉コーディネーターがつかみ、関心がありそうな地域担当の民生委員に声がけをしていただいた。2名の方がその旨への意思を表明していただき、法人Bから3名、民生委員経験者が2名、社団Aから1名の計6名から「BN」という地域食堂の会がうまれた。その「BN」会は、文京区社会福祉協議会に登録され、毎月1回の開催につき1万円（年間12回）の助成を受けている。この助成金をもとに、食費、部屋代、保険などを支払っている。また、社団Aの講師スタッフなどからお米の寄付もいただいている。開催は、社団Aの授業後、毎月第三木曜日である。ポイントは、地域福祉コーディネーターの存在かつ調整、具体的には、社団Aと法人Bを地縁型の民生委員と調整する場の形成をしてくれたことである。一つの組織から、各組織の強みや地域のニーズをみることは難しく、また把握することは一層困難となる。

　これまで、地域課題を地域機能の外部化をすることで対応してきたことに

対し、一事例ではあるが「BN」の会は、地域に備わる「ヒト・モノ・カネ」で対応することで「地域課題を内部化」する動きの一つであるといえよう。いいかえれば、外部化とは、地域課題への対応を取引対象として専門機関に任せて交換取引することである。プロとして専門的対応をするが、その対応者にはより高い専門的技術をもつ者であれば誰でもよいという代替可能性を伴う。一方、内部化とは、地域課題への対応を必要とする者に対して地域住民の能力に応じて対応すること、つまり、地域住民が「必要とされるものに対し自身の能力や物を贈り与える」ことである。もちろん、「顔の割れた関係」での対応であるため、信頼関係も醸成されやすいが、しがらみをうむこともある。

　さて、本章を通じて見出されたことは、まず地域協働に関して、地域住民組織（論）だけでは論じきれない問題があった。それは、地域課題が外部化されつつあるという問題である。その問題に対して、エリア／テーマという問題設定からなる地域住民組織（論）だけではなく、別の視点である「外部化／内部化」、その根底にある「交換／贈与・贈答」という問題設定から捉えると、その論じきれない問題を解決しうるのではないか。そこで、外部化されつつある地域課題を地域協働で対応する事例を紹介し論じる前に、その問題設定を可能にする経済社会学的視点を説明する。

注
(1) ハーヴェイ（Harvey 2005：33-37＝2007：51-57）によると、英国を題材に、ネオリベラリズム・新自由主義経済路線の主要素が4点に絞られている。第一は、それまで公共財だったものを私企業化し、商品化し、民営化することである。第二は、金融化であり、あくまでも、富裕層にとっての「リスク分散」という位置づけとしての投機及び金融化である。第三は、危機管理と危機利用である。これは第二と関連し、自分の資産の確保と拡大を目指し、経済危機を引き起こし利用する、アジア危機がその一例である。第四は、国家による再分配である。これは第一と関連し、民営化の追求と社会福祉を支えている国家支出の削減によって果たされる。例えば、国家による再分配が、結局富裕層の利益となった例として、サッチャー政権下での公共住宅民営化プログラムをあげている。

下層階級が賃貸から比較的安価に所有権を得て、価値ある資産を手に入れ、財産を増やすことができるかのように最初は思われたが、民営化が完成してみると、とくに中心区域では不動産投機がさかんとなって、低収入層はロンドンのような都市の周縁部に追いやられ、それまで労働者階級の住宅があった地域が「ジェントリフィケーション＝高級区域化」の対象とされてしまった。

　また、グローバル経済の浸透により、賃金体系の二極化、リエンジニアリング（業務革新）やダウンサイジング（人員整理）による労働コスト削減、個人別目標の設定、業績査定のための個人面接、日常的な業績査定を通じて、仕事全般に対して過剰な自己責任という形で企業組織内に影響がもたらされている（Harrison 1994：189-216）。

(2)　規制緩和政策は、中心市街地や地方の商店街にも影響を与えた。その一つの現れが、1997年大店法の廃止である。これまで、大店法により、大規模な集客が予想される大型店の出店に際し、既存の中小店を保護するために、店舗の規模や閉店時間などが調整されていた。しかし、1997年に大店法は廃止された。

　以前は大店法により、大型店の出店に際し、商店街の中小店を保護するために、500㎡を超える店舗については、出店時の審査で、開店日、店舗面積、閉店時刻、年間休業日の4項目が調整されていた。しかし、近年の中心市街地の衰退状況から、出店するのが中心市街地か郊外かという立地場所が焦点となった上、当時における規制の緩和や地方分権化の潮流もあり、1997年に大店法が廃止された。改正された大店立地法では、大型店の出店や増設を行う事業者に対し、上述の商業調整のような経済的規制をせずに、駐車場の整備、騒音や廃棄物などの抑制、生活環境面を配慮させる社会的規制のみが行われる。つまり環境に配慮すれば、出店は原則自由となる。そして、立地場所の誘導が改正都市計画法に委ねられ、都市計画の部局が主導する。

　このように、既存の中小店を保護する大店法の廃止を契機に、「まちづくり三法（通称：大店立地法、通称：改正都市計画法、通称：中心市街地活性化法）」が改正されていった。改正前の道路整備や市街地の環境整備などのハード面を重視することに対し、改正後は、空店舗対策などの商業振興を、関係省庁・地方自治体・民間業者が連携して推進する。

　大規模商業施設（3000㎡）の出店状況に関して、1990年に大店法に関する運用の規制が緩和されて以降、大規模商業施設の出店が顕著である。1980～89年度まで届出件数で、400件を超えた年はない。しかし、1990年度は900件弱で、1993年度以外は1999年度までで、毎年400件を超えている。「まちづくり三法」の功罪については、古市（2013）を参照されたい。

(3)　「限界集落」については、古市（2020）を参照されたい。

(4)　「NPO・都道府県別申請数・認証数」によると、NPOは法制化（1998年）を契機に、1999年の1176から、2005年に2万4763、2009年には3万7785、

2023 年には 5 万 133 までになっている。

(5) 1969 年の「コミュニティ政策」は、「いかにわが国の経済成長率が高いといっても、生活の場における人間性が失われたのでは、人間の幸福はありえない」という危機意識から打ち出された。「1971-73 年　モデル・コミュニティ地区」として 83 地区が設定され、「1983-85 年　コミュニティ推進地区」として 147 地区が設定され、最後に、1990 年の「コミュニティ活動活性化地区設定施策」により、都市部に偏った前政策を踏まえ、「1990-92 年　コミュニティ活動活性化地区」として 141 地区が設定された。このように、20 年にわたり、1969 年に構想された「コミュニティ政策」が実施された。

　　そして、山崎ほか (2007) と横道 (2009) によると、「コミュニティ政策」の問題点は、4 点にまとめられる。

　　①町内会等を消極的に位置づける問題（小学校区がコミュニティ範囲）。

　　②既存の共同体の否定の上に立った新しいコミュニティを構想しすぎた点。

　　③行政と住民の間に協働関係が築かれていない点。

　　④住民の自主性、担い手としての個人の自立性への過度な期待。

　　さて、「コミュニティ政策」は、既存の地域共同体の崩壊と戦前の地縁組織の復帰に対する回避から、市民の自発性によるコミュニティを構想した。しかしながら、実際、行政運営にとってのコミュニティという色彩が強いといえる。それは、地縁組織から市民組織へというよりはむしろ、新たな「行政と住民の接合方法」としてのコミュニティといえる。

(6) 当時の「市民活動」によるソーシャル・キャピタルの醸成に期待が寄せられている反面、Brudney and Kellough (2000) は市民活動だけでなく行政によるソーシャル・キャピタルの活性化を論じ、森 (2002) では行政協力制度を中心に地縁組織との関係性が論じられ、さらに、山崎 (2003)、田中 (2007)、金谷 (2008) では、地縁組織によるソーシャル・キャピタルの醸成の可能性が説かれている。また、高齢化社会、教育、防犯・防災、経済格差を事例にしながら、それらの諸問題とソーシャル・キャピタルの因果関係に関しては、稲葉 (2007) を参照されたい。

(7) 当時の調査 (2005b) によると、2000 年から 2005 年において、NPO に対する関心はきわめて高いが、90％以上に当たる人々が実際に参加していない。つまり、関心と実際の経験が乖離している状況にあるといえる。

(8) きだみのる (1956)『日本文化の根底に潜むもの』を読んだ大塚ときだにおいて、1957 年に、地縁組織（きだでいう、部落的な生活形態）についての対談がなされている。大塚によると、部落というものは日本だけでなくヨーロッパにもあったが、近代化の過程、つまり国全体が豊かになっていく過程で壊れざるをえないものと捉えられている。それに対し、きだは、部落を残そうという立場ではなく、生産手段が変われば部落のあり方も変わるし、むしろ存続しているのは、「何か部落の生活に必要な密着したものがあるからだ」（き

だ・大塚 1957：229）と説く。

　また、日本の高度経済成長の原因を経済学あるいは経済政策から説明するのではなく、社会構造から探求したのが中根千枝が説く「タテ社会」であり、心理構造として展開したのが土居健郎がいう「義理・人情」である。このように 1950〜70 年代にかけて、近代化及び民主化では論じ捉えきれない「社会を構成する原理」に注目する系譜があることを忘れてはならない。

　こうした「地域共同体の根深さ」について、作家・安部は、「日本という国はほんとうに隅から隅まで都市化されてしまいましたが、あまりに急激にその現象が広がり、実体化したために、そのための混乱が生じざるを得なかった──つまり農村的なものへのノスタルジーと都市的な現実との衝突が、ある意味では日本文化の特徴だといえるんじゃないかなと思う」（安部 1980：48）、とコメントしている。

（9）大衆社会論と都市社会学の接続に関して、戦後から 1960 年代末までの都市社会学の系譜を、勃興期・成立期・展開期・再編期の 4 段階に分け、「人間性回復の生活基点としての第一次集団的価値の再発見」という研究の一般的状況において、大衆社会論が都市社会学の理論的支柱であったことが指摘されている（奥田 1970：134-135）。このように、孤立や不安状況の克服を問題とする大衆社会論の枠組みが援用されたことが、「コミュニティ政策」の文書の中で、孤立化あるいは不安が問題視されることにつながったといえる。こうした理由からも、「コミュニティ政策」を大衆社会論から捉える意義がある。

（10）これほどまでに追求される「個人主義」の問題を、ベラーはインタビューを通じて、以下のように述べる。「私たちは、独立している自己、他者に対して責任を負わない自己、自己実現をおそらくかつてないほどに主張している。この個人の独立性がなくなってしまうことを恐れている」（Bellah 1985：151＝1991：184）。この「個人の独立性」を自由という観点から捉えると、自己の独立性を守り、その維持に基礎を置く「個人主義」は「解放の自由（〜からの自由）」に従っている。なぜなら、具体的に所属や帰属をすれば、当然、それから生じる責任や義務から、個人の独立性を失う恐れが出てくるからである。しかしながら、この自由あるいは「個人主義」を追求してきたあまり、他者への順応化や均質化、また私的世界への退歩という状況に人々が陥ってしまっている。

（11）国立社会保障・人口問題研究所（2010）は、人々の生活実態と自助・共助・公助の関係を、世帯構成と家計の実態、家族内の助け合いの仕組み、個人の社会・経済的な活動の実態、現在利用している社会保障制度に着目しながら明らかにしている。

（12）以下、内閣府子供の貧困対策推進室（2019）を参考にしている。引用箇所によると、「相対的貧困率」とは、所得中央値の一定割合（50％が一般的。いわゆる「貧困線」）を下回る所得しか得ていない者の割合であり、一方、「子ども

の相対的貧困率」とは子ども全体に占める、貧困線に満たない子どもの割合である。但し、子どもの場合も、その子が属する世帯の可処分所得をもとに計算している。

参考文献

安部公房，1980，「変貌する社会の人間関係」『国・際・交・流』22：45-50.

一般社団法人 A，2019，「2018 年度活動報告書」.

稲葉陽二，2007，『ソーシャル・キャピタル──「信頼の絆」で解く現代経済・社会の諸課題』生産性出版.

乾亨，2014，「地域・住民のための『コミュニティ政策』をめざして」日本都市センター『地域コミュニティと行政の新しい関係づくり──全国 812 都市自治体へのアンケート調査結果と取組事例から』日本都市センター：11-32.

岡田知弘，2010，「グローバル化と国家・地域の再編──現代日本の歴史的位置」『歴史評論』721：15-30.

小木曽洋司，2008，「『協働』の可能性」松田昇・小木曽洋司・西山哲郎ほか編著『市民学の挑戦──支えあう市民の公共空間を求めて』梓出版社：210-235.

奥田道大，1970，「コミュニティ形成と住民意識」『日本教育社会学会大会発表要旨録』22：134-138.

金谷信子，2008，「市民社会とソーシャル・キャピタル──地"縁"がつむぐ信頼についての一考察」コミュニティ政策学会編『コミュニティ政策 6』東信堂：124-143.

────・直田春夫・田中逸郎ほか，2022，「特集 座談会『コロナ禍があぶり出したコミュニティ政策の課題』」コミュニティ政策学会編『コミュニティ政策 20』東信堂：72-109.

きだみのる・大塚久雄，1957，「文化国家の足の裏」『中央公論』72(8)：222-229.

倉沢進，1977，「都市的生活様式論序説」磯村英一編『現代都市の社会学』鹿島出版会：3-18.

────，1981，「1970 年代と都市化社会」『社会学評論』124：16-31.

────，1998，「社会目標としてのコミュニティと今日的問題」『都市問題』89(6)：3-14.

国民生活審議会総合企画部会，2005，「コミュニティ再興と市民活動の展開」.

国立社会保障・人口問題研究所，2010，『社会保障実態調査（2007 年社会保障・人口問題基本調査）人々の生活と自助・共助・公助の実態』国立社会保障・人口問題研究所.

後藤道夫，2001，『収縮する日本型〈大衆社会〉──経済グローバリズムと国民の分裂』旬報社.

総務省，2005，「分権型社会における自治体経営の刷新戦略──新しい公共空間の形成を目指して」.

────，2009，「新しいコミュニティのあり方に関する研究会報告書」.

田中逸郎，2007，「NPO と自治会等地縁型団体の協働による地域コミュニティ再構築の諸要件」コミュニティ政策学会編『コミュニティ政策 5』東信堂：98-120.

内閣府，2004，「国民生活選好度調査（2004）」．

名和田是彦，2014，「序論」日本都市センター『地域コミュニティと行政の新しい関係づくり——全国 812 都市自治体へのアンケート調査結果と取組事例から』日本都市センター：3-9．

日本経営者団体連盟，1995，『新時代の「日本的経営」——挑戦すべき方向とその具体策』日本経団連出版．

日本経済団体連合会，2003，『活力と魅力溢れる日本をめざして——日本経済団体連合会新ビジョン』日本経団連出版．

廣田全男，2005，「自治基本条例をめぐる若干の論点」日本都市センター『地方分権改革とこれからの基礎自治体——市町村と自治基本条例をめぐって（日本都市センターブックレット No.12）』日本都市センター：37-44．

古市太郎，2013，『コミュニティの再創成に関する考察——新たな互酬性の形成と場所の創出からなる地域協働』早稲田大学出版部．

————，2020，「地域社会の変容とコミュニティの形成」宮本和彦編著『変動する社会と生活』八千代出版：65-80．

文京区社会福祉協議会，2018a，「中間支援パワーアッププロジェクト委員会資料及び議事録」．

————，2018b，「開設準備委員会資料及び議事録」．

森岡清志，2010，「住民力と地域特性」『都市社会研究』2：1-18．

森裕亮，2002，「わが国における自治体行政と地域住民組織（町内会）の現状——行政協力制度を対象に」『同志社政策科学研究』3(1)：315-332．

山崎丈夫，2003，「地域住民組織と NPO が協働したコミュニティづくり」コミュニティ政策学会編『コミュニティ政策 1』東信堂：79-92．

————・牧田実・山崎仁朗ほか，2007，「自治省モデル・コミュニティ施策の検証」コミュニティ政策学会編『コミュニティ政策 5』東信堂：26-97．

湯浅誠，2008，『反貧困——「すべり台社会」からの脱出』岩波新書．

横道清孝，2009，『アップ・ツー・デートな自治関係の動きに関する資料 NO.5　日本における最近のコミュニティ政策』自治体国際化協会．

渡辺治，2008，「新自由主義と現代日本の貧困」メディア総合研究所編『貧困報道——新自由主義の実像をあばく』花伝社：42-83．

Bellah, Robert N.,1985, *Habits of The Hear: Individualism and Commitment in American Life*, Berkeley: University of California Press.（島薗進・中村圭志訳，1991，『心の習慣——アメリカ個人主義のゆくえ』みすず書房．）

Brudney, Jeffrey L. and Kellough, J. Edward, 2000, "Volunteers in State Government: Involvement, Management, and Benefits," *Nonprofit and Voluntary Sector Quarterly*, 29(1)：111-130.

Harrison, Bennett, 1994, *Lean and Mean: The Changing Landscape of Corporate Power in the Age of Flexibility*, New York: Basic Books.

Harvey, David, 2005, *Spaces of Neoliberalization towards a Theory of Uneven Geographical Development*, München: Franz Steiner.（本橋哲也訳，2007，『ネオリベラリズムとは何か』青土社．）

Riesman, David, 1961, *The Lonely Crowd: A Study of the Changing American Character,* Yale University Press.（加藤秀俊訳，1964，『孤独な群衆』みすず書房．）

Sennett, Richard, 1976, *The Fall of Public Man,* London: Penguin Books.（北山克彦・高階悟訳，1991，『公共性の喪失』晶文社．）

経済団体連合会，1996，「魅力ある日本　創造への責任——経団連ビジョン2020　骨子（改訂版）」（2023年11月21日取得，http://www.keidanren.or.jp/japanese/policy/vision/index.html）．

経済同友会，1997，「民間活力を引き出す構造改革を——1997年度通常総会　牛尾治朗代表幹事所見」（2023年11月21日取得，https://www.doyukai.or.jp/chairmansmsg/statement/1997/pdf/970424a.pdf）．

厚生労働省，2017，「『地域共生社会』の実現に向けて」（2023年11月21日取得，https://www.mhlw.go.jp/stf/newpage_00506.html）．

————，2020，「令和2年版　厚生労働白書——令和時代の社会保障と働き方を考える　図表1-3-14」（2023年11月21日取得，https://www.mhlw.go.jp/stf/wp/hakusyo/kousei/19/backdata/01-01-03-14.html）．

総務省，2022，「地域コミュニティに関する研究会報告書」（2023年11月21日取得，https://www.soumu.go.jp/main_sosiki/kenkyu/chiiki_community/index.html）．

内閣府，2003，「ソーシャル・キャピタル——豊かな人間関係と市民活動の好循環を求めて」（2011年12月9日取得，http://www.npo-homepage.go.jp/data/report9_1.html）．

————，2005a，「コミュニティ機能再生とソーシャル・キャピタルに関する研究調査報告書」（2011年12月9日取得，http://ww5.cao.go.jp/seikatsu/senkoudo.html）．

————，2005b，「NPO（民間非営利組織）に関する世論調査」（2023年11月21日取得，https://survey.gov-online.go.jp/h17/h17-npo/）．

————，2014，「第5回農地・農村部会　議事次第・配布資料　資料1-2-2」（2023年11月21日取得，https://www.cao.go.jp/bunken-suishin/kaigi/kaigikaisai/kaigidai32/nouchibukai05gijishidai.html）．

————，2021，「令和3年版　高齢社会白書（全体版）　第1章第2節4」（2023年11月21日取得，https://www8.cao.go.jp/kourei/whitepaper/w-2021/html/zenbun/s1_2_4.html）．

————子供の貧困対策推進室，2019，「子供の貧困対策——現状と今後の地域での支援」（2023年11月21日取得，https://www8.cao.go.jp/kodomonohinkon/forum/h30/pdf/tokyo/naikakufu.pdf）．

————男女共同参画局，2022，「男女共同参画白書　令和4年版　本編1第1節」（2023年11月21日取得，https://www.gender.go.jp/about_danjo/whitepaper/r04/zentai/html/honpen/b1_s00_01.html）．

農林水産省，2021，「令和2年度　食料・農業・農村白書　第2節」（2023年11月21日取得，https://www.maff.go.jp/j/wpaper/w_maff/r2/r2_h/trend/part1/chap2/c2_2_00.html）．

文京区新たな公共プロジェクト事務局，2016，「文京区新たな公共プロジェクト成果検証会議報告書〈概要版〉」（2021年3月21日取得，https://www.city.bunkyo.lg.jp/sangyo/kyodo/kyoudou/aratanakoukyouteigengo.html）．

3

「贈与」をめぐる経済社会学
——ネットワーク・価値・「物」

　本章では、地域課題を論じる際、「外部化／内部化」という新たな問題設定の重要性を明らかにすることが目的である。まず、その設定を経済社会学的に「交換・贈与」として展開する。この展開により、この設定が「学問的重要性」をもち、また学問的に接続することで地域課題解決という実践に向けた「理論的蓄積」を果たすことができると考えられるからである。

　そこで、経済社会学の説明に入る前に、贈与を交換論として注目したモース『贈与論』の概略を押さえ、今後の理論的展開の礎としたい。

3-1　経済社会学という「社会の具体性」を問う視座

人と物の「入り混じり」

　まずは、贈与交換（以下、贈与）についてである。モースは贈与を論じる際に、市場取引の根幹である財の市場における市場交換（以下、交換）と対比する。一見、両者が同義として捉えられがちであるが、交換が人間の功利性や恣意性からうまれるのに対し、贈与は、様々な現象や行為が含まれた複合的なものである。つまり、贈与はただの交換現象ではなく、「全体的給付体系」（Mauss 1950：149＝1973：70）である。(1)

　その現象の特質を、モースは以下のように記している。「わたしたちの諸社会に時代的に先立つさまざまな社会——原始時代の社会にさかのぼるまで——の文字どおりに社会的な生活、その社会生活をかたちづくるあらゆることが、ここで混ざり合っているのである。こうした『全体的な』社会的現象には、あらゆる種類の制度が、同時に、かつ一挙に、表出されている」（Mauss

1950：147＝1973：59）。社会現象を、経済的、法的、政治的現象として理論的に独立させて分析することができるが、実際、それらは「一つの」社会現象、つまり、複数の社会的行為や現象が折り重なる重層的現象として現れる。このように、モースは社会現象を捉え、その現れとして贈与を捉える。

その重層現象の現れである贈与では、物だけでなく、互いの社会的「地位」が取り交わされる。例えば、北西部アメリカの諸部族の「競覇型給付体系」である「ポトラッチ」（Mauss 1950：153＝1973：71）は、互いが所有する物を壊し合うため、功利的観点からみれば無用な振る舞いである。しかし、その破壊し合う背景にあるものは、当事者たちの面子である。ポトラッチでは物を壊しながら、同時に互いが「格付け」され合う。

このように、贈与は「市場取引での財の交換」、すなわち「経済的交換」とは違う。それは、経済的交換が円滑になるためには、互いの社会関係が安定化しなければならないからである。いいかえれば、財の交換をただ経済的交換として独立させて分析するのでなく、その交換を可能とする人間関係、その関係を維持強化する儀礼、その儀礼にまつわる物の贈与という「贈答的義務体系」として、モースは捉えた。

「経済的交換」と「社会的交換」という視点で分析したのが、ブラウである。その「社会的交換」とは、行為者間の相互行為が何らかの交換関係にあるときの相互行為である。この交換が明確な形で現れるのが経済的交換であり、具体的には、市場において貨幣を媒介とし、自発性に基づいて財とサービスを交換する。この経済的交換に対し、広義に位置するのが社会的交換である。それは、貨幣を用いないため価格がなく、情報や知識、好意や信頼が価格に相当する媒介物となり、自発性に基づいて財とサービスを交換する。

またブラウは、社会的交換が経済的交換と異なる点として、社会的交換には「明確に特定化されない義務」が働くことを指摘する。それゆえ、行為者間に互酬性がうまれる。さらに、経済的交換と社会的交換には交換を通じて得られる報酬においても特徴が異なる。ブラウによると、経済的交換においては外的報酬が、社会的交換では内的報酬が得られる。その外的報酬とは物

質的利益のことで、内的報酬とは信頼などの感情的なものである。つまり、経済的交換が物質的利益である外的報酬を、社会的交換は信頼などの内的報酬を交換している。したがって、貨幣やそれに伴う価格といった明確な基準がないため、社会的交換は経済的交換よりも「公正さ」が重要となる。それゆえ、社会的交換には、公正さを共有し、それを制度化しているシステムが不可欠となる（Blau 1964：93-97＝1974：83-86）。(2)

　このブラウの交換に対する視点は、財の交換をただ経済的交換として理論的に独立させて分析するのではなく、それを複合的な現象として捉えるモースと同意義の視点である。

　贈与は、経済的交換ではなく社会的交換である。具体的には、贈与は市場取引における財の交換とは違い、財だけではなく、社会的地位の取り交わしを含んだ行為である。また、その取り交わしを行う者が互いに自分の社会全体を背負い、その社会を体現しているため、そのやりとりは個人間だけのやりとりでない。個人間のやりとりでありながら、社会間の取り交わしでもある。

　そこで、モースは贈与がなされる原因を探る。「遅れた社会、もしくはアルカイックな社会においては、法規範と利得の追求にかかわるどのような規則があって、贈り物を受け取るとお返しをする義務が生じるのだろうか。贈与される物にはどのような力があって、受けてはそれに対してお返しをするように仕向けられるのだろうか」という問いから、彼は論を展開する（Mauss 1950：148＝1973：61）。結論を先取りすれば、北西部アメリカ、ポリネシア、メラネシア、さらに、原古ローマ、インド、中国、ゲルマン社会などの資料から、彼は、贈与が任意ではなく、実際には、物に宿る力に導かれながら、義務的に提供され、受容され、返礼される「贈与」の仕組みを明らかにした。

　さて、先の問いに対し、贈り物が返礼されるのは「ハウ（hau）、つまり物の霊」にあるという解釈を、モースが示す（Mauss 1950：214＝1973：91）。(3)また、彼によると、贈り物はその人だけでなく氏族全体にも結びついており、その力が氏族の聖なる場所やその贈与者のもとへと返礼させるよう受贈者を

促す。サモア島の「トンガ」やマオリ族の「タオンガ」などの財がそうであり、「贈り物を受け取ったり、交換したりすることにおいて義務が課されるのは、受け取られた物に活性があるからである。贈り手が手放してなお、それは贈り手の何ものかなのである」、という（Mauss 1950：159＝1973：91）。それゆえ、ある者から何かをもらうことは、その者の一部すなわち人格の一部をもらうことであり、ある者に何かを与えることは自分自身の一部を与えることである。それゆえ、返礼の義務が働くのは、贈り物に宿る力だけでなく、その返礼において受贈者の存在そのもの（人格）が試されているからである。その返礼がなされないことは、自らの社会的地位やその人が属する社会や集団の存在が問題に付されることを意味する。

　さらに、贈与は財と人格だけでなく、土地にも密接に関わる。とくに、返礼する義務の中の動因で、「第四の義務」や土地の「祖先や神々への負い目」が重要である。それは、互酬性を作動させる要因だからだ。「そもそも人間と契約関係を取り結ぶためにそこに存在していた存在者たち、このような存在者が最初はどのような範疇の存在者であったかと言えば、それは何よりもまず死者の霊であり、神々であった」（Mauss 1950：167＝1973：117）。人々が生活する際、現にある財や生活基盤が先祖や神から授けられるため、彼らへの返礼としての贈与が起こる。ここでの返礼は、神々や祖先が人々の生活を補完してくれることに対する感謝である。いま、生活できているのは先祖や土地の神々によるという消し去り難い事実があるため、絶えずその者たちへの返礼が試みられる。

　このように、贈与物が現在生活している世代へと土地の神々や祖先によって授けられたものであるため、人々は、返礼する義務を受け入れられる。それは、この土地で贈与し合う財には、これまでのやりとりし合った時間が含まれ、その土地全体を具現化したものであるため、人々はそれに対する返礼をせざるをえなくなる。「混ぜ合わされるべき人や物は、その一つひとつがそれぞれの領分の外に出て、互いに混ざり合うのである。これこそがまさしく契約であり交換なのである」（Mauss 1950：173＝1973：136）。つまり、贈与

物には「様々なもの（物に霊魂あるいは霊魂に物）」が含み込まれているため、人と人あるいは人と物は分離しておらず、こうした贈与物を通じたやりとりが贈与の重要な特徴の一つなのである。

３つの社会統合形態——贈与・再分配・市場交換

　次は、モースが説く贈与に影響を受けながら、「交換形態」という形で、財・サービスの移行を取引対象としての「交換」と捉え、さらに経済社会学的観点を含め総合的に分析したポランニーによる「３つの社会統合形態——贈与・再分配・市場交換」の検討を始める。(4)

　まず、経済社会学の特徴の説明から入りたい。経済社会学は、経済至上主義のあり方を問題としている。つまり、経済社会学とは、「経済の自律性」を批判し、社会から「離床」した経済を社会に組み込むことを目的とする学問といえる（Granovetter 1992：4；Smelser and Swedberg 2005：3；渡辺 2006：178）。このように、現代は経済が社会を駆動する「経済社会」であるからこそ、重要な働きをする概念が「埋め込み embeddedness」であるという。その概念の提唱者であり、経済社会学者の一人であるポランニーの経済観を押さえる（Polanyi 1957：239-247＝2003：361-369）。彼は「経済」という概念を〈実体的〉と「形式的」に分けて考える。前者の〈実体的な経済〉とは、人間が生活をするために自然と社会の仲間たちに依存する経済である。つまり、人間に物質的な欲求充足の手段を与える限りにおける、人間と自然・社会環境の間に生じる代謝が〈実体的な経済〉である。

　他方、「形式的な経済」は、目的に対する手段の不足に応じた「目的と手段の関係性からなる経済」である。すなわち、「希少性」に基づいた手段の選択こそが合理的選択となり、その選択の積み重ねからなる「経済」である。

　この両者が融合されることをポランニーは望む。しかし、後者が優勢となっていくにつれ、彼は〈実体的な経済〉である〈人とその環境の間の相互作用の過程〉の制度化へと研究の焦点を移す。なぜなら人間の経済は、市場経済システムだけではなく、様々な非経済的な制度に埋め込まれて存在している

からである。経済が「市場経済」へと偏向していくことに対し、この偏向を相対化させながら、財・サービスの移動と社会統合形態のあり方を、以下のように明示していった。

　彼の文明史的観点からすると、西欧資本主義体制自体が特殊なものであり、実際、社会は「贈与（互酬性）―再分配―市場交換」という３つの統合形態の組み合わせから成立している（Polanyi 1977：35-43＝1980：88-102）。３つの統合形態と財の移動を、システムの関係から捉えると、「互酬性」が確立するには、親族集団のような対称的なシステムが前提となり、財は制度化された形で双方向的に贈与される。「再分配」には国家のような中心性をもった集団が必要で、財はその中心へと向かい、またそこから分配される。そして、「交換」は価値についての抽象的基準が設定された「市場システム」が存続している場合にのみ成立し、財はシステム内を任意者間で可逆的に移動する。

　このように彼は、人間と自然・社会環境の間における物質代謝の過程や財の移動を、「贈与（互酬性）―再分配―市場交換」を軸とした３つの社会統合形態から捉えた。それゆえ、社会システムの一部であるはずの市場交換（経済システム）が社会システムから「分離（separateness）」してしまったため、社会システムへとそれを埋め戻すことが必要となる（Polanyi 1977：55＝1980：117）。

ネットワークへの埋め込み

　さらに、ポランニーの問題関心を引き継ぎ、経済的行為は資本主義社会での社会的行為であり、相互人格的関係のネットワークの中に埋め込まれていると主張し、未開社会などではなく現代社会の中で、「新しい」経済社会学を展開したのがグラノベターである。

　「新しい」経済社会学は根本的なやり方で新古典派経済学を批判しているが、他方「旧い」経済社会学はそれに対し、口をつむぎ、オルタナティブを出さない。スウェドバーグ（Swedberg 1997：163-164）によると、「新しい」経済社会学は、ミクロ経済学の根本的間違いを見出し、経済的主領域である市場構

造、生産、価格、分配、消費において、その間違いを明らかにしている。

　さて、「新しい」経済社会学者・グラノベターが「ネットワーク論」を展開する理由には、「経済の自律性」に対する「社会への埋め込み」という目的もあるが、彼は、これまでの経済学あるいは社会学が抱える理論的課題の核心に「暗黙的に想定する原子化（atomization implicit）」があるからだとする（Granovetter 1985：487）。その核心の問題とは、どのようなものであろうか。

　彼のネットワーク論といえば、"The Strength of Weak Ties"（1973）である。彼は、求職者に関する研究から、「弱いつながりが持つ強さ」を明らかにした。求職中である人にとって、親友や家族といった密度の濃い関係よりも、友人やその友人を通じた知り合いの方が、実際、職を探すことにおいて有効な資源となる事実が見出された。彼は、地縁や血縁といったつながりが具体的かつ強いものをうむという想定を崩し、「現実に機能している」つながり、つまり、個人を取り巻く関係の多元性を見出した。このネットワーク論から、Wrong（1961）の議論を踏まえ、古典派及び新古典派経済学者が想定する「過小社会化（undersocialized）」と社会学者が取る「過剰社会化（oversocialized）」の乗越えを目指す（Granovetter 1985：483-487；1992：5-6）。

　まず、「過小社会化された個人」とは、個人が私的利益を追求すれば自ずと社会に秩序がもたらされるという社会観に基づき、社会に拘束されない個人を想定する。いいかえれば、社会現象を個人の行為に還元できるという「方法論的個人主義」である。だから、アトム化された個人にとって社会関係は、自由な競争市場に摩擦を起こさせるもの（frictional）として位置づけられる（Granovetter 1985：484）。

　他方、「過剰社会化された個人」とは、「人々が他者の意見にひどく敏感（sensitive）であるので、合意を通じて発達した規範と価値のシステム命令に従順」（Granovetter 1985：483）な人々のことを指す。つまり、社会からの価値観や行動パターンを内面化した個人であり、「方法論的集合主義」が捉えるところの個人である。

　この分類はさして目新しいものではないが、どちらの立場も直接の社会的

現実から行為者を抽象化する点、暗黙的に原子化を想定してしまっていると彼は指摘する。

　では具体的にみていこう。「過小社会化された個人（方法論的個人主義）」に対して、彼は、「動機」に着目する。「経済行為は経済的動機だけでなく、社交性、是認、地位、権力などの非経済的・非合理的諸動機にも基づいている」（Granovetter 1985：506）。このように、「個人の動機の複合性（the mixture of economic and social motives）」に注目し、「過小化」を批判する（Granovetter 2002）。

　では他方、「過剰社会化された個人（方法論的集合主義）」はどうか。一見、この立場が社会関係を重視するため、社会的現実から抽象化されているという批判は適切ではないようにみえるが、彼はその内面化に問題があるという。つまり、行動パターンが内面化されていることは、行為者が規定された役割のみに従って行動するため、「現に進行している」社会関係が周辺的な位置に退けられている。もはや、パターンがインプットされているため、その役割のみに従った行動しかできず、現実の諸関係が考慮に入れられてこない。ゆえに、「過剰化社会」の観念は、インプットされたものをただアウトプットするという「機械的（mechanical）」モデルへといきつく（Granovetter 1985：486）。だから、彼は、ある行為に対し、個人の自発性や社会的内面化でもなく、「具体的な社会関係—対人関係のネットワーク—に埋め込まれている」（Granovetter 1985：504）として社会の具体性をさらに掘り下げる。

　またフランス社会学者・ブルデューも、「暗黙的に想定する原子化」を問題視し（Bourdieu 2005：88）、さらに、グラノベターの視点にある問題点を見出していた。グラノベターは過小化社会論とは別離し、「暗黙的原子化」問題を乗り越えたかにみえるが、「相互作用論（行為者間のインプット・アウトプット）の見方に陥っている。この見方は、構造論的な制約を無視するもので、各行為者は自らの行動の効果を他の行為者に及ぼすはずだという、意識的かつ計算された期待の効果しか知ろうとしない」（Bourdieu 2005：88）。

　このようにして、グラノベターは、具体的社会関係から切り離してしまう

ことで生じる「暗黙的に想定する原子化」を理論的に解き明かし、事例研究として具体的社会関係を「弱い紐帯」という形で証明していった。

ネットワークを醸成する贈与

　こうした経済社会学が抱える理論的課題を受け継ぎ、「社会科学における反功利主義運動（Mouvement Anti-Utilitariste dans les Science Sociale）」の主幹の一人であるカイエは、経済を社会へと埋め込む「ネットワーク」を重視するグラノベターの視点を批判的に継承している。たしかに、能率性・有用性によって働く経済システムが、親縁、地縁、仲間、友人などといった「第一次社会性」の関係の網の目に立脚する限りにおいてのみ機能することをあばくグラノベターを、カイエは評価している。しかし、グラノベターに欠けている点は、この網の目の創出への考察、つまり、贈与への視点だという。このネットワークは「与える―受け取る―返す」という「3つの義務」の形式に応じて組織されるときにのみ、再び見出され持続されるという視点が足りない（Caillé 2009：113, 134）。

　また、ブルデュー社会学についても、カイエ（Caillé 1989（2003）：42-43＝2011：75-76）は、彼の社会学が功利主義化しているという。とくに、ブルデューが人間の行為を「資本」から捉えるため、その「資本」を蓄積し増大させ、再生産させる「労働・生産モデル」の人間観、つまり利益中心の計算に基づいた考察に陥っていると批判する。(5)

　そこで、社会学の功利主義化への批判とネットワークの形成に際して、モース『贈与論』に注目し、カイエは社会学の固有性を、「贈与」次元に基づいてのみ具現化される「関係」についての有効性を科学するものとして捉える（Caillé 2007a：283）。そして、この贈与とそこから形成されるネットワークに着目することが、社会学の功利主義化あるいはホモ・エコノミクスの批判につながるという。(6)

　カイエによると（Caillé 2014：53, 58-61）、われわれは希少性に基づいた欲求及び必要性（besoin）からなる存在である限り、ホモ・エコノミクスのモデ

ルを普遍化することを正統とみなしていることになる。そこで、経済学が前提とする自分たちの欲求及び必要性を満たす存在であるよりも、人間は承認される（reconnu）存在であると説く（Caillé 2007b：206-208）。承認についての言及であれば、ヘーゲルあるいはホネット及びフレイザーが著名であるが、モース『贈与論』も、ポトラッチにみられるように承認のための闘いという面をもつ「承認への欲望（désir）」について重要な指摘をしているという。互いの欲求を満たすための物々交換ではなく、物のやりとりが承認的要素を帯びる重層的現象である。

　このように、経済学が想定するような諸個人の利益を計算することから行為を捉える視点だけでは贈与を捉えることができない。カイエによると、4つの次元での動機がみえてくるという。まずは「自分のための」利益・関心と同様に、「他者のための」利益・関心、まさに共感である。もう一つの軸は、その他者へと関わらざるをえないという「義務」と同様に、その他者へと関わるという「自由及び自発性」である。この点は、モース自身がいうように、とくに自由と義務という動機はバラバラにあるのではなく、贈与は「義務と自由が入り交じった」（Mauss 1950：258, 262＝1973：393, 404）ものなのである。つまり、贈与は、動機あるいは目的について、希少性に基づき自身の欲求及び必要性を満たすという自己利益中心の価値観ではなく、「自己のため／他者のため」、「自発性／義務性」といった4つの次元が複合的に重なる行為である。したがって、贈与は希少性あるものを自分の利益に応じて交換するだけではなく、義務と自由が入り混じった中で互いを承認するという行為でもある。

　そこで、以下のような贈与の定義となろう。「社会学的な定義は以下のとおりです。見返りの保証なしに、社会的紐帯を創出し、保持し、再生させるという観点から、行われる財とサービスのあらゆる給付。贈与の関係においては、紐帯は財よりも重要である」（Caillé 2000（2007）：124）。「何がやりとりされてつながりがうまれるのか」という点は明瞭ではないが、財のやりとりよりも関係をうみだす行為が贈与であり、またそれが複合性を帯びたものな

のである。

第一次社会性と第二次社会性

　さらに、カイエは「功利主義あるいはホモ・エコノミクスのモデル」と贈与の違いを明確にするために、各々から形成される社会性について独自にまとめていく。社会科学は社会現象及び社会行為を、経済的利益や市場の論理、あるいは権力や国家の論理に応じて説明を図ってきた。ある意味、上部構造であり、それをカイエは「第二次社会性（secondary sociality）」と呼ぶ。この第二次社会性の支えとなる考え方が功利主義である。他方、この第二次社会性のもとにある重要な社会性を、「第一次社会性（primary sociality）」と呼ぶ。この第一次社会性を形成しているのが贈与である（Caillé 1992：67）。そして、贈与の核に時間をみている。贈与とは「地位、権力、功利性ではなく、関係性からなる物語あるいは歴史によって説明できるものである。だから、時間こそが贈与と互酬性の核であり、他方、その時間を除去あるいは短縮することが功利的関係の核でもある」（Godbout, en collaboration avec Alain Caillé 1992＝1998：95）。

　これらの社会性を時間からみると、市場は、取引であれ、支払われる賃金であれ、「計測可能で画一的な時間」を前提にして機能するシステムである。だからこそ、時給といった形で賃金が支払われ、取引にかかる費用が提出され、システムが安定化し維持される。

　また、国家の再分配においても、国家が社会を計画、運営する際には、予算の執行に表れているように、その活動の目的に対する手段という「計画可能で画一的な時間」が前提とされている。同時に、こうした「画一化した時間」が共有されるには、市場でも国家においても、人が「抽象的かつ一般的な存在」として扱われる。つまり、人が「労働者」あるいは「国民」として代替可能な存在として扱われているからこそ、市場も国家もシステムとして首尾よく機能する。

　それに対し、贈与が前提とする時間は、個別具体的な関係性の中でうまれ

る「固有な時間」といえよう。その時間は特定の集団内あるいは集団間で共有され、親と子の関係が他人と置き換えられないように、そのメンバーは代替不可能である。一般的で抽象的な存在者からなる有用的かつ機能的システムとは違い、メンバーが特定化し、「時間」の共有があるからこそ、贈与が成立する。

　このように、カイエは「功利主義批判と贈与」という立場を一貫させ、社会性を、有用かつ機能的システムという第二次社会性と、機能的ではないが特定化されたメンバー（家族、親族、仲間、友人など）からなる第一次社会性として捉えている。

　カイエの独自性は次のようにまとめられよう（Caillé 2009：130-139）。経済あるいは政治システムを「図（前景に出ている絵）」とし、埋め込まれる文脈を「地（後景となる絵）」と捉える。ハーバーマス的にいえば、前者が「システム」であり、後者が「生活世界」である（Caillé 2009：126）。そして、経済システムが社会という文脈から自律化しているのは、経済システムそのものの影響力もあるが、カイエは「政治的なるもの」として経済システムに対する異議申し立てができていないからだとする。哲学であれば、このように固定化してしまった「図と地」の転換は、意識化つまり自覚によってもたらされるが、社会科学では何であろうか。それが政治システムではない「政治的なるもの」であるという。それは人々による意義申し立てから、機能システムの正当性、つまり、そのシステムをシステムたらしめる価値基準を問題にすることで、各システムを別の形でつなげ、新たな関係性を結ぶというものである。

　新たな関係性とは、その異議申し立てる別の価値基準に基づいた集まりである。この人々が取る手続きは、代議制や合法性に従って機能する「政治システム（la politique）」ではない。それはカイエによれば、経済システムと同じ功利主義的主体が前提とされているからだ。経済・政治システムが前提とする功利主義的主体の手前に「人類学的普遍性」（Caillé 1989（2003）：157＝2011：216）に基づいた関係性、つまり、第二次社会性の手前に、共同性に基づく第一次社会性を再生させるというのが、カイエの一貫した主張である。

3-2　なぜ、贈与はネットワークをうみだせるのか

相互依存関係の分離

　ポランニー、グラノベター、カイエを通じた経済社会学の文脈からわかることは、人は社会関係に埋め込まれており、その関係をうみだすのが贈与である。モースの現代的展開を試みるグレーバーによると、この関係を切り離してなされる交換が等価交換である。果たして、等価交換はどのように生じるのか。それは「文脈からの切り離し」であるという。「人間経済においては、それぞれの人格が唯一のものであり、比類なき価値をもつ。それぞれが他者との諸関係のただひとつの結合中枢（ネクサス）だからである。ひとりの女性が、娘であり、姉妹であり、愛人であり、ライバルであり、仲間であり、母であり、同世代者であり、教育者であるかもしれない。こういう具合に、多数の人びとと多様なかたちで関係しているのである。それぞれの関係性はそれぞれ唯一のものである」（Graeber 2011：158＝2016：240）。世話、食事の提供、社会化、人格の発達という人間存在の創造と破壊、再編成に関わる「人間経済」において、等価性をもつものはなく、各々の人格が唯一の価値をもつ諸関係のネクサスである。「……人びとを同一であるかのように扱うことができるようになるのはいかにしてか。ある人間を交換の対象にする、……なによりもまず彼女を彼女が存在する文脈から剥奪することが必要である。……このことは一定の暴力を必要とする」（Graeber 2011：158＝2016：240）。人々を同一の交換対象として捉えられるのは、彼らが存在する文脈を剥奪する暴力が働くからである。

　では、「文脈からの切り離し」とは、具体的にどのようなものなのだろうか。「人間経済において、……人間は各人が他者との関係の固有の結節体であるということである。誰かが何かと等価であると考えられることはない。人間経済にあって貨幣は、売買や取引がいかに不可能であるかを表現する方法なのである。……人間が交換対象になりうるとしたらいかにしてか……暴力において。……人びとを唯一無二の存在にしている他者（姉妹、友人、ライバル

……）との関係性からなる、はてしなく複合的である網の目から彼らを剝奪し、取引可能であるなにかへと還元することができるのは、棍棒、網、槍、銃による脅迫のみである」（Graeber 2011：208＝2016：313）。「文脈からの切り離し」は武器等といった物理的暴力による脅迫が複合的な網の目から彼らを剝奪し取引対象へと還元するのだ。

　さらに、暴力により人格に基づいた網の目から切り離され、一層、市場の匿名性を通じて、文脈がみえづらくなる。具体的にいうと、「persons／things（人とモノ）」と「freedom／obligation（人と人あるいは自由と義務の関係）」の分離が生じる。

　そこで、これらの分離をわかりやすくするために、「人と人」及び「人とモノ」の相互依存関係が分離しえない事例として、グレーバーがあげているのが、マオリ族とクワキル族の宝物である。マオリ族の宝物の特徴は、その宝物には「所有者のアイデンティティ」が入り込んでおり、交換あるいは取引対象である財にはなりえない。その宝物を代々受け継ぐという「累積的な歴史（cumulative history）」を紡ぎ上げていくことで、その宝物は家系血統と同一視され、受け取り所有した者のアイデンティティが付与されていく。また、クワキル族でのやりとりにおいては、宝物を受け取った者はかつての受領者の行為者という位置づけとなり、宝物の価値は永遠に固定化されたものとして位置づけられ、その価値が受領者を器として代々移り渡っていく。したがって、やりとりする者と宝物は別々に分離しているのではなく、一体の「物」として存在している。

　こうした宝物と真逆に位置するものが「貨幣」である。「貨幣はとことん非個性的で物語を持たないモノで、ルシールのように歴史に残るような特別の物品ではないのである。しかし、本当のところなにが起こっているのかのヒントが、ここにあると私は考える。もしビル・ゲイツが私に彼が製作したソフトウェアの権利をくれたとしても、それによって私がその製作者になることはない。しかし貨幣は歴史に対する抵抗力を持っているので、その個性が前の所有者にすがりつくということはない」（Graeber 2001：213-214＝2022：

336）。相互依存関係の分離を生じさせているものは、「history（歴史・物語）」の喪失である。貨幣は皆が保持し奪い合い、他の場所へと移動させることができ、蓄積することができる。特定の誰かがもつことで、貨幣に何らかの価値あるいは価格が付与されることはない。つまり、貨幣は所有者の誰にとっても「単一としての価値（経済的価値）である価格」を表示する媒介物なのである。

　ここで、グレーバーは経済的価値・価格（value）と価値観（values）を分けて考える（Graeber 2001：78＝2022：132）。彼が重視する価値観とは、「望ましいと思われるものに対する捉え方のようなもの（the kinds of 'conceptions of the desirable'）」である。例えば、ある物に対する畏怖あるいは美しさという価値観をあげ、そこには一律同じ価値はなく、ある物に対し価値観を抱く者どうしの間で生じるものなのである。「人とモノ」及び「人と人」が価値観を通じて結び合わされている。互いの間で生じる価値観は、貨幣のように、蓄え、移動、保持、奪取することはできない。むしろ価値観は、互いの間での「実演（performance）／行為（action）」の中に生じ、見出されるものである。端的にいうと、互いの間にあるからこそ、価値がある。

　そして、市場の存在により、相互依存関係で分離された状態が、価格という形で表現されていく。資本主義システムには、工場やあるいは作業所と家計（家庭）という２つの最小限のユニットがある。前者は商品の製造に関わり、後者は人間の創造（世話、食事の提供、社会化、人格の発達）に関わる。両者は相互依存関係にあるのだが、その両者を結ぶ市場は、広大な「社会的記憶喪失（social amnesia）の力」（Graeber 2001：79＝2022：134）として機能する。経済的取引がもつ匿名性は、それぞれの領域が実質、不可視のままでいられることを確たるものとしている。端的にいえば、消費者側からすれば、その商品がどのように生産されたのかというプロセスあるいは歴史・物語はみえない。

　生産者側からすれば、人間のもつ創造的エネルギーを、商品を作る労働力として向ける。事物が人間の性質を帯びるというよりは、人間が事物の性質を帯びていくということになる。商品生産についても、人間が制作に関わる

歴史・物語をみることはできないし、むしろその必要がない。そして、「貨幣という歴史・物語がない対象物（ゆえに、誰でもが所持・使用可能）」が、商品を媒介し、市場がそれを流通させていく。

したがって、グレーバーによると、等価性が「文脈からの切り離し」から生じ、市場を介して「人と人」・「人とモノ」のつながりがもつ「記憶」が消され、諸価値（values）が価値（value）となり等価交換が社会に浸透していくことになる。

「能力に応じて、必要に応じての原理」

グレーバーにならうと、「人間は社会関係に埋め込まれている」とは「人間は価値観に基づく人格的関係に埋め込まれている」といえる。その関係が暴力を通じて切り離され、市場及び貨幣を介して「人と人」・「人とモノ」の結びつきが一層なくなっていく。では、このような状況に対して、グレーバーは、どのような立場から批判しているのであろうか。彼は「基盤的コミュニズム」（Graeber 2011：94-102＝2016：142-154）という立場を取る。[7]「基盤的コミュニズム」とは、互いが敵対関係ではなく必要性が十分に認められるなら、「各人はその能力に応じて貢献し、各人はその必要に応じて与えられる」に基づいて機能するあらゆる人間関係、いま現在のうちに存在している何かが「基盤的コミュニズム」である。では、この「基盤的コミュニズム」の核となるモースの思想から入りたい。[8]

「物々交換という概念ほど誤ったものはない。アダム・スミスのすべての推論は、乗船しヨーロッパ人に対象物ではなく贈り物の交換をすすめたポリネシア人に関する探検家クックの誤りから来ている。物々交換という概念は、功利主義が生じた18・19世紀に生まれた。私が'全体的給付体系'と呼んでいるものが根底にあるのだ。相互性は全体的であり、これは私たちがコミュニズムと呼んでいるのものだが、これは実際個人間で行われる。最初から、交易は婚姻とともに始まり、婚姻は交易を引き起こし、交易は

72

婚姻を引き起こす。根本的な誤りは、コミュニズムとインディヴィデュア
リズムを対立させていることにある」(Mauss 1967：185)。

このモースの「全体的給付体系」に着目する際に批判の矛先を向けるのが
「物々交換の神話」、とくに「交換性向→物々交換→分業→市場」という直線
的展開である。グレーバーは、モースが捉えるように、経済学の一丁目一番
地にある「交換が個人性向」から始まり経済社会が成立していくという立場
を批判する。むしろ、全体的給付体系が表すように「個人であると同時に共
にある」という「個人主義的コミュニズム」が交換あるいは交易の本質にあ
るという。「昔も今も、自由市場に熱狂する人びとが揃いも揃って想定して
いるのは、人間存在を突き動かしているのは本質的に言って、自らの快楽、
安逸、物質的所有を最大化しようとする欲望（効用）であり、だから意味の
ある人間的相互作用はみな、市場の観点から分析することができる、という
ことだ。公式の物語に従うなら、最初に物々交換があった。人びとは、互い
が欲しい物を直接交換するほかなかった。それでは不便なので、誰もが使え
る交換の媒体として貨幣が発明された。さらなる交換技術の発明（信用売買、
銀行業、証券取引）は、その論理的延長にすぎない」(グレーバー 2014＝2020：
147)。
　この「物々交換の神話」は根深いものであるが、グレーバーによると、「経
済学は、個人に最も有利な条件を探るやり方を何よりもまず主題にすえるも
のであり、……だから人間のさまざまな行動領域のあいだの分離を想定して
いるわけである」(Graeber 2011：33＝2016：51)。諸個人にとって最も有利な
条件を主題にすえ、様々な行動領域から成り立つものであるはずなのに、そ
れらから分離させて、その主題が成立するようにすえるのが経済学だといっ
ている。むしろ、「物々交換が成立するのは、そのような歓待（あるいは親族
関係やそれ以外の関係性）の絆でつながっていない人びとのあいだにである」
(Graeber 2011：33＝2016：52)。様々な関係性を切り離すことで、物々交換と
いう想定が成立するようになった。いいかえれば、様々な関係性を切り離し、

物々交換の神話が成り立つよう経済学をすえていった。人類学的見地からすると、「取引は貨幣を通じてではなく、ほとんどの取引は信用（クレジット）を基盤としていた」（Graeber 2011：39＝2016：61）。物々交換は異者（共同体間）とするものであるため、隣人どうしでは物々交換はせず、「贈り物」のような日々のやりとりをする。端的にいうと、隣人どうしでは、経済的な取引に基づいた生活はしない。こうした隣人どうしでのやりとり（贈り物）を支える関係を解明するために、コミュニズムとインディヴィデュアリズムを対立させない立場を「個人主義的コミュニズム」と呼び、「『個人主義的コミュニズム』とは、すなわち、さまざまな強度と度合いにおいて『各人はその能力に応じて、各人はその必要に応じて』の原理にもとづき形成される一対一の関係なのである」（Graeber 2011：94-102＝2016：142-154）。隣人間においては、「交換性向からの物々交換」ではなく、「能力に応じて、必要に応じての原理」が働いている。

　次に生じてくる疑問は、契約関係ではないのに、どのようにして、その関係が継続されるのかという点である。端的にいうと、等価交換は負債を帳消しにする手段であり、交換が終わり次第、その関係は終了する。関係が終了していなければ、等価の交換がなされていないということになる。それに対し、グレーバーは、負債こそが関係性をうみ継続させるという。「わたしたちがそれを「借り［負債］」と呼ぶのは、それが返済可能であり、平等［対等性］が回復可能だからである」（Graeber 2011：122＝2016：181-182）。(9)

　そして、負債は「あいだ［中間］で生起する」。そのあいだあるいは中間とは何であろうか。実質的には負債があり互いは対等ではないが、その負債の解消可能性と本質的な対等性というあいだにおいて、負債は生じる。いつかは負債が解消されるであろうという可能性と本質的な次元では互いは対等であるという見込みの中で、やりとりがなされていく。そのやりとりは、与える側は何らかの能力に応じて与え、また相手側は自分の必要に応じて受け取る「能力に応じて、必要に応じての原理」からなされる。「かくして負債とは完遂にいたらぬ交換に過ぎない」（Graeber 2011：122＝2016：183）。

例えば、4章でみるように、一般社団法人Aを取り巻くやりとりは、すべてではないが、業務における契約関係やヒト・モノ・カネの交換関係ではない。必要としている者に対し、等価なやりとりではなく、互いの立場を介したモノの「借り・貸し」といえる。もちろん、「借り・貸し」であるから互いにとっては不均衡なやりとりである。そのやりとりで争点となっているのは、モノのやりとりでの対等さではなく、共にあろうとする潜在性を具体化されるかどうかである。つまり、互いの間に対等さあるいは返済可能性がいずれ回復され、関係性が継続するであろうという見込みから、やりとりがなされていく（Graeber 2011：122＝2016：181-182）。この点、4章で具体的に検討していく。

「両義性」による利己脱却

　しかしながら、隣人間における「基盤的コミュニズム」おいても、最初から関係性が築かれているわけではないし、またやりとりがすべてスムーズに進むわけでもない。この点、モースはどのように考えているのか。

　Mauss（1950：278＝1973：450）によると、交易あるいは交換（commerce）するにはまず武器を捨てることが必要であるという。相手に対する恐怖や敵意といった「敵対的なもの」を捨てることは、自身を無防備状態に置き、危険の身にさらす。むしろ逆に、この振る舞いが相手からの信頼を得る。武器をもち続けることは、相手に対し自身がもつ力の保持かつ拡大であり、相手に敵意をもたせ反発させてしまう。他方、武器を捨てることは、その武器に自身がもつ力を圧縮させたものが遺棄されるということで、相手の敵意を減退させ自身へと安心を引きつけることにつながる。

　もちろん、武器を捨てた交易あるいは贈り物のやりとりにも、不安的な要素は残る。武器を捨てたことで払拭しえたかにみえた「敵対的なもの」は、何かの拍子で頭をもたげてくるものである。例えば、やりとりが無造作になった場合、その相手に対する不安が噴出し、また自身が相手に対し返礼を滞った場合、2人の間にヒエラルキーが生じることもある。贈与を続けることは、

「敵対的なもの」に対する不安を押さえ込み続けながら、信頼を得て関係を続ける。(10)

　また、贈与の継続には、「利己脱却（sortir de soi）」が働いているという。それは自他共に「脱却あるいは変容」が迫られることになる。その「sortir de soi」には、「自分を忘れる・別人のようになる／自分の殻から出る・思いやりを持つ」といった利己を脱却すると同時に、他者を受け入れるという意味がある。つまり、自分の存在を理解してもらうために、あるいは相手とつながるために、自分から物を与えると同時に与えざるをえない。また、自分の存在や自分の贈る物を受け取ってもらうため、あるいは相手の存在を理解するために、相手の物を進んで受け取ると同時に受け取らざるをえない。「わたしたちの生活原理としても、だからこの行動原理を取り入れようではないか。自分の外に出ること。つまり、与えること。それも、自ら進んでそうするとともに、義務としてそうすること。そうすれば過つ恐れはない」（Mauss 1950：265＝1973：412）。

　時代を経ても、われわれの生活の根底には贈与があり、その自発的かつ義務的に物を贈る際には「利己脱却」しなければならないという。そして、贈与は、ある観点に基づいた等価のやりとりではない。相手とつながるために自分からあるものを与えたとしても、返礼が必ずあるわけではない。また、進んで受け取ったとしても、必ず自分のものが同じように受け取られる保証もない。こうした状況において、われわれは利己を脱却して贈与するのである。

　また、利己を脱却しつつ絶えず贈与するということは、互いが「等価できない何か」を含む存在であるということでもある。贈与行為は贈る側からしたら贈与と現象する一方、受け取る側としては略奪もしくは奪取と映るであろう。大澤（1990）は等価交換との比較からその特徴を説明する。大澤によると「贈与＝略奪は、だから、交換の否定の上に、成立している。交換とは、双方向的な対象の移動が、反対方向に移動する二つの対象の意味＝価値について、ある（規範的な）観点から等価的であると覚識されている限りにおいて、

成立している場合である。したがって、交換においては、獲得された対象は、特定の観点の下で、自らが『他者』に譲渡した対象と同一的であり、その転態した姿にほかならない。……それに対して、贈与＝略奪は、反対方向の対象の移動によって、すなわち『返済』によって失効してしまう。返済は、贈与＝略奪を交換へと転化させることで、贈与＝略奪を構成している基本的な要件を、否定してしまうからである」（大澤 1990：185）。

　等価交換は互いの交換物が特定の観点から等価であるという認識のもとで成り立つ。他方、贈与が等価物のやりとりあるいは返礼を受け取ると、贈与それ自体の意味がなくなってしまう。大澤がいう「贈与＝略奪」が実現するためには、「他者の両義性」が存在しなければならない。まず、自分の方（与える側）は、自分の世界の内部に他者を位置づけ認知していなければ、贈与そのものがなされない。他方、贈与するということは、何かしら自分の世界に他者を位置づけることができない行為という面をもつ。つまり、他者が自分の世界に対する絶対の「外部」、あるいは「距離」ある者として存在している、すなわち他者が自分の構成要素に組む込むことができない者として存在している。

　この把握し自分の世界に位置づけられる部分があると同時に「位置づけできない外部」という「両義性」があるからこそ、双方のやりとりが等価交換とならず、贈り手からすると贈与となり受け手からすると奪う形となる「贈与＝略奪」が存在するわけである。いいかえれば、自分の中に把握しえない外部あるいはズレ、グレーバーでいう「負債」があるからこそ、贈与が生じている。

　一般的に、贈与が見返りの義務のないあらゆる給付であるため「ポジティヴで善意」ある行為として映り理解されがちである。しかしながら、他者の側からすると与えられたものを略奪あるいは奪取する行為であるため、互いに等価性を担保する観点がない定まりのない状況でのやりとりとなる。

　したがって、贈与というやりとりは、モースによると、相手への不安を押さえ込みながら、自身を無防備状態へとさらすことから始まり、そこには、

「両義性」という自身の中に把握しえない外部あるいは不安があるからこそ、「利己脱却」から「与え・受け取り・返す」という贈与が続いていく。

間に生じる価値の移譲

　贈与により何らかの財・サービスがやりとりされるが、Graeber（2001：81＝2022：137）によると、そこでは等価物が交換されているのではなく、価値が移譲されているという。この点について、彼は、人類学者・マンによりながら、「action（行為）／performance（実演）–history（歴史・物語）–circulation（循環）」として価値を考察する。

　さて、これまで、社会科学において、価値はどのように表されてきたのか。Graeber（2001：43-46＝2022：80-84）によると、経済学においては、すべてを対象化し、対象物を数量化することで具現化し、商品という交換価値をもつ物として存在し、価格によって評価される。また、構造主義、中でもソシュール言語学では、価値を事物そのものにではなくコードに帰属／カテゴリーに合わせる。つまり、価値は実体からではなく関係から生じるという立場である。ストラーザンにおいても、社会関係は誰かによって認められるプロセスによって価値を帯びる。マルクス主義者が物（object）を生産する個人が物の意味を決定する権利をもつと説くのに対し、ストラーザンはそうではなく、物は個人の産物ではなく関係の産物と説く。

　これらに対し、マンの人類学では、行為あるいは実演に力点を置いて、価値が考えられている。その一つ目の特徴は、パプア・ニューギニアのクラ交易などを「交換の領域（spheres of exchange）」よりも、「価値のレベル（levels of value）」で考察する。価値のレベルに達した人にとって、そのレベルは時空間における影響力を拡充する能力や程度を意味し、それは間主観的時空間ともいえる。例として「食べ物を与える行為」をあげている。もしあなたが食べ物をたくさん食べたのであれば、あなたがしなければならないことは横になって寝ることである。それが意味することは何もしないこと、つまり、時空間に対するコントロールが縮約されている（その食べ物によってその時空間

が支配される）。また同じ食べ物を誰かにあげることは、同盟や義務をうみだすという。それが意味するのは、時空間に対するコントロールの拡張である（自分が与えたものを食することで動き移動することができる）。クラ交易において物がやりとりされる領域や規模よりも、そのやりとりをするレベルに達する人にとっての価値、あるいはその次元に到達する人にとっての時空間に焦点を当てた考察となっている。

　もう一つの特徴は、その価値が行為あるいは実演の中で現れるという視点である。それは、レベルに達する（価値を共有する）人の間で、みえない潜在性（potencies, transformative potential, human capacity）が具体的で知覚的な形へと変形されるプロセスに価値が生じ循環するという。そこで、グレーバーは、交換（exchange）と循環（circulation）を分けて考える（Graeber 2001：81-83＝2022：137-138）。交換とは、所有物（権）が移ることであり、価値は物自体から生じるという「物神化」が前提とされている。つまり、価値はすべての物に存在しており、所有する誰にとっても同じ価値（価格）をもつため、その物の価格は市場では同じであるため、あとは数量の大きさが問題となる。

　他方、循環とは、価値が移動・移譲（transfer）することであり、その者の実演の様式に応じて価値は異なる。例えば、貴重な貝をある場所では捨てることで、ある場所では公共の儀式でお披露目することで、あるいはどこかに隠したり、その実演のやり方に応じて価値の実現が異なってくる。つまり、文脈に応じて、互いの間で誰がどの物を使い、あるいは実演するかで、その物の価値は異なるため、「共にあろうとする潜在性」がいろいろな形で具体化されることになる。

　例えば、学生たち 10 名が、初めて町会の夏祭りの準備・運営に参加した。ある青年育成会の方が、学生全員分のワッペンを準備してくださっていた。そのワッペンは、学生を地域の方に知ってもらおうという彼の想いや共に取り掛かろうという意志が体現された「物」である。つまり、「ただの物ではないワッペン」に対する価値が学生に向けて提示された。今度は、その「物」に対し、学生が実演する側に回っている。互いに、地域あるいは「顔の割れ

方」において同等ではないが、贈られた物には「共にあろうとする潜在性が具現化」されており、その価値が学生に移譲されている。祭りの準備という場面と「学生がまだ顔が割れていない」という状況において、ただのワッペンが共にあろうとする価値を帯びた「物」となっている。

　なぜ、贈与がつながりをうむのか。贈ることを通じた単なる財・サービスに「共にあるという潜在性が具現化されること」で、その贈るという行為のプロセス、または財・サービスに諸価値が生れる。そして各々が与えられる財・サービスに対する互いの間で価値観を共有することから、「私とあなたの一対一」において唯一の関係が形成されていく。

3-3　現代社会における贈与の必要性／重要性

再分配と承認

　では具体的に、現代社会において、社会関係を形成していく贈与が現れる場面とはどのようなものであろうか。ゴドブいわく、現代社会では「近代的制度の狭間（dans les interstices de la modernité）」で贈与は生じている（Godbout, en collaboration avec Alain Caillé 1992：307＝1998：219）。制度と贈与の関係についてのゴドブの捉え方によると、贈与は、法及び正義にならった制度でもなく、またそれらにカテゴリー化されているわけでもない。あるものを与えるのは法的正義の規範を尊重しているからというよりも、その人を存在させたいからである。しかしながら、この贈与が機能しないとき、相手からお返しがないとき、贈与が受け手にこのやりとりに参入するよう促せないとき、また反対に相手が与える力を拒否してしまったとき、これらの状況での悪用あるいは搾取や支配を避けるために、法的正義が介入しなければならない。まさに、福祉国家の介入はこのことであり、諸権利、正義、平等に立脚した介入である。「福祉国家の増大は、部分的には個人主義の進歩と連動している。つまり個人が近隣の者に頼ることが不可能になればなるほど、国家による保護の権力をますます頼みにする必要が生じるのだ」（Rosanvallon 1995：215-216＝

2006：226)。同時に、福祉国家の介入により、贈与から現出する社会的エネルギーや連帯しようという考えを弱体化させ、行政への依存が高まるのも事実である。このように、近代的制度では捉えきれない社会問題に対し、贈与というアプローチの必要性がある。いいかえれば、近代的制度では捉えきれない社会問題が生じているからこそ、贈与が必要かつ重要となる。

　では、経済社会学の観点からすると、福祉国家体制から突出した経済である「グローバル経済」あるいは「フレキシブル経済」とそれに伴う諸問題を、どのように再び社会へと埋め戻していくのか。(11)

　当然、表3-1 に記されているように、これまでの「(再)分配」という埋め込み方、つまり国家による「上から」の対応についての重要性を説く論者もいる。例えば、フレイザーは、労働及び雇用問題に対しては、グローバル化の進展と共に経済的不平等が拡大しており、やはり公正な「(再)分配（redistribution)」の問題はこれまで以上に切迫している。しかしながら、ジェンダーなどに関わりアイデンティティや差異の承認を求める闘争が活発化しており、「社会的承認（recognition)」はアクチュアルな社会運動や政治運動を特徴づける重要な概念となっている。こうしてフレイザーは、「(再)分配」の有効性を認めながら、アイデンティティなどの問題の出現に対し「承認」という新たな対応の仕方を見出し、経済領域と文化領域における各種の問題に応じた「パースペクティヴ二元論」を唱える。

　他方、ホネットは、フレイザーが焦点を当てる公正な「(再)分配」とい

表3-1　フレイザーのパースペクティヴ二元論

対応	領域	社会的不正	不正の解決	不正をこうむる集団	集団間の差異
再分配	経済	経済構造に起因する不均衡分配	経済構造の再編成・経済的不平等の是正	階級	階級間の差異は撤廃
承認	文化	文化的価値パターンに起因する誤承認	承認の文化的変革・差異の承認	社会的な尊重を相対的に得ていない集団	集団間の差異は賛美

Fraser and Honneth 2003：9-16＝2012：11-18 をもとに作成。

う問題を「承認の不在」という視点から捉える。つまり、この問題を「承認一元論」から考える。

　ホネットが捉える承認のエッセンスは、「他者を通じての自信と確信の獲得」にあるといえる。その承認は３つの段階あるいは次元からなる。まずは、「愛・友情に基づく親密な承認」により、一次的諸関係が形成される。つまり、親の愛に基づき自分自身に信頼（selbstvertrauen）を得ていくというものである。またその信頼が得られなければ、親から虐待されることになる。

　続いては、「前近代社会の身分制秩序の崩壊」に伴い、「近代的な法的平等の理念に基づく法的な承認」により、法権利諸関係が形成される。つまり、平等な諸権利をもった自律した法人格として自己が尊重（selbstachtung）される。また、承認が得られなければ、権利が剥奪されることになる。

　最後も身分制秩序の崩壊に伴い、「近代的価値評価、主に労働に基づく社会的な承認」により、同じ業績や価値を共有する共同体が形成されるというものだ。つまり、各人の威信や名声は身分や出自ではなく、労働の成果及び業績に基づき評価（selbstwertgefühl）がなされる。それが得られなければ、その人の尊厳が剥奪されるというものだ（ホネット　1992＝2003：124-175）。

　さて、ホネットの承認一元論から、上述の分配問題を考えてみよう。この分配問題では、平等原則に基づき社会権の十分な承認と適用を求め、「業績」には関わりなく保証される財の再分配が要求される。つまり、「必要に応じた法的平等原理」による要求である。他方では、既存の価値基準では適切に評価されない自らの活動や業績に対ししかるべき価値評価が求められる。つまり、「働きに応じた業績原理」による要求である。すなわち、不均衡分配問題をめぐる闘争は、承認要求の「二重の形態」に基づく（Fraser and Honneth 2003：150＝2012：169）。いずれにせよホネットによると、公正な分配問題の根幹には、平等原則あるいは業績原理が適切に解釈され適用されていないこと、つまり自分の尊厳や価値への「承認をめぐる闘争」がある。

　さて、両者の議論の優劣はさておき、ここで重要な点は、現代社会では埋め込みに関して、「（再）分配」のほかに「承認」という形が現れていることだ。(12)

もちろん、カイエも、国家による再分配の意義を認めている（Caillé 2007b：195）。カイエの枠組みからすると、再分配は功利性や有用性に基づいて行われるものだ。功利主義的主体という抽象的普遍性を想定しているがゆえに、国民に対し平等かつ画一的対応が可能となる。それゆえ国家による再分配には意味がある。では、問題の焦点は何かというと、それは承認が「再分配的行為」へと陥ってしまうという危惧である。

「承認」による第一次社会性の再生

　カイエは、その危惧について述べている。承認行為が合理的選択理論の中に包摂されたら、承認要求は殺し合いの闘争と化してしまう。フレイザー的にいうならば、承認要求が、財の補う要求と捉えられるなら、それは財の再分配をめぐる闘争の特別な様式となってしまうであろう。つまり、承認行為が、財・サービスの再分配となってしまうことに危惧している。

　そして、承認についても、一貫して、功利主義批判という形から入り、贈与的承認として展開していく。「二次的承認（権力と資本）とそこからうまれる社会性」が「一次的承認（贈与と感謝）とそこからうまれる社会性」（括弧内は筆者）に対し勝利してしまったという現状を把握し、「われわれはますますあらゆる贈り物（dons）を、国家、市場、そしてメディアから受け取っている。彼らこそが、実際、われわれの主人である。彼らとともに、しかし彼らに抵抗しながら、民主主義の精神と、妥当となるような人類共通の意味を、社会に再び組み込まなければいけない。……法的承認は権利の割り当てとなり、その承認とは、国家資格を受贈する者としての承認となりやすい。差異の承認に対する権利の付与あるいは制度化には慎重な態度が必要である。センのいう capabilities の醸成に寄与することにおいてのみ、その権利付与は正当化される」（Caillé 2004（2009）：167-168）。

　例えば、マイノリティ（少数派）のアイデンティティを要求する運動は、マジョリティ（多数派）との対比からうまれることが多い。彼らの運動の問題点は、少数派が文化的差異や自分たちの権利の承認をめぐる中での、承認

先、つまり正当性を与える主体が誰であるのかという点である。それは、少数派が国家的承認を受けることで、「多数派」へと回収されてしまうケースがあるからだ。

　また、法的承認を重視するホネットに対しても、この点、批判的である。まず、カイエはホネットを、人間の闘争の根底にあるものは3つの承認の希求よりも、3つの火種（虐待、権利剥奪、尊厳剥奪）を避けることにあるとみた点を評価する。他方、l'amour（愛）、le respect（尊敬）、l'estime（尊重）とあるうち、ホネットが承認の大部分を、法的承認の闘争の拡大形態でしかないと捉える点（Fraser and Honneth 2003：170＝2012：194）をあげ、ホネットの承認が「国家的再分配としての承認」に陥ってしまう点を危惧している。たしかに、法的承認は、権利への付与という重要な面をもつが、根本はその当事者の潜在性を引き出すものでなくてはならない。

　そこで、カイエは、承認に関するポイントをいくつかあげる（Caillé 2007b：194-196）。まずは、承認されたいのは誰なのか、という点である。例えば、特異的個人（individu singulier）としてなのか、あるいは特定の役割をもった存在（personne particuliere）としてなのか、または普遍的（一般的）市民（croyant ou citoyen universel）としてなのか、はたまた人類（homme universel）としてなのか、といった承認される側は様々にある。この点だけでも、承認を一元的に扱うことはできない。また、承認する側の問題もある。文化的差異や雇用問題に対しての法的承認を与える国家だけが、承認主体となるのかという問題である。そして、承認という方法についてカイエは、法的承認という権利付与という面だけでなく、人間を価値づける社会的価値の「承認」という面も重視する。

　こうして彼は、承認を一元的に扱わず、とくに法的承認が重視されることに対し、承認の中身つまり価値内容である「尊敬（le respect）」に注目する。ホネットでいえば、尊敬は法的平等という本来の次元（Fraser and Honneth 2003：170＝2012：194）となるが、カイエによると、尊敬とは、その次元だけではなく、「見返りの保証のない行為＝贈与」をするべき人がしたことに対

する表現、つまり感謝の表現でもある。つまり、感謝とは贈与する人に対し何らかの恩恵を負うことを認めることであり、それゆえ、その人に尊敬するという社会的価値が与えられる。(13) 彼が論じるところの社会的価値はその人の贈与する力によって測られ、その価値を認めることが承認（贈与的承認）である。

制度の狭間における贈与

なぜ、そうした社会的価値がうみだされるのか（Caillé 2007b：202-203）。それは、「私益あるいは公益・公共」であるかに応じて、贈与をする者はそれぞれの社会的価値を帯びるという。

表3-2をみていただこう。例えば、あるボランティア行為が私利私欲にまみれ自分の生活のために、見返りを求める行為であれば、その人は皆から「軽蔑」されるであろう。公益性・公共性を私利が上回った、あるいは私利のために公益性を利用したと想像できる。他方、その行為が自身の生活の糧ではなく、私益を超えて公益性・公共性に適うとき、その行為者には「尊重」という社会的価値が認められよう。ここでは、自身の生活の必要性よりも、既存の公益性・公共性に準じ、その行為を捧げるという意味合いが強い。

ある行為者が「尊敬」という社会的価値を与えられるのは、私益と公益性・公共性が重なり合うときである。私益でありながらも公益性・公共性を帯び、また公益性・公共性に埋没しない私益があるという「入り混じった」状態といえる。このような状態の中で贈与するという行為に、「尊敬」という社会的価値が付与されるのであろう。こうした「入り混じった」状態であ

表3-2　社会的価値の分類とその基準

社会的価値	私益（生活の必要性）／公共性
軽蔑（Meprise）	私益（生活の必要性）＞公共性
尊敬（Respect）	私益（生活の必要性）＝公共性
尊重（Estime）	私益（生活の必要性）＜公共性

Caillé（2007b）をもとに作成。

るから、ボランティア行為が公共性の形骸化している中でのアクションであったり、またボランティア行為が私益かと思いきや新たな公共性をもたらす萌芽となっている可能性もある。

　ゴドブは以下のようにいう。「贈与は異質性や不平等なところに平等あるいは何らかのバランス（proportionnalité）を打ち立て」、「人間を圧倒するようなすべてのことに対して、わずかな平穏（sérénité）を築こうとするために、人間はいつも義務をうみ出してきた」（Godbout, en collaboration avec Alain Caillé 1992：203, 307＝1998：142, 219）。ゴドブは、制度につながらない人たちへのボランティアを贈与行為として主にあげている。具体的に、貧しい人への炊き出しボランティア、エイズ患者へのボランティア、アルコール依存者へのボランティア、電話相談室、臓器移植などをあげ、それらの根幹には、「贈与は、お金を寄付するだけでなく、人に耳を傾ける、訪問する、老人に付き添うこと、つまり、時間を与える形（sous forme de don de temps）でなされる」（Godbout, en collaboration avec Alain Caillé 1992：113-114＝1998：78）。何らかの困難な状況に陥る人々の潜在性に資するアプローチを試み、その人を「人間」として存在させるためのバランスを打ち立てるのである。

　したがって、彼によると、贈与は「制度にならった」行為ではなく、「制度化の途上（en voie d'institutionnalisation）」、つまり、制度そのものというよりも、規則の超越と創出の絶え間ない運動である（Godbout 2010：7）。だからこそ、新たな社会関係がうまれる。具体的には、制度に基づいた規則（règle）に対し我慢できなくなり、規則が自分たちのつながりを十分に意味せず、規則が'自動的に'制度化していると感じるやいなや、人々は規則を変えていくような状況に陥り、自らに課す「規則」をうみだす者であるかのように義務を内面化していくという（Godbout 2010：7）。これまでの制度では対応しきれない「新たな社会問題」や人間を圧倒する災害、制度につながらない人々に対したときに、別の「規則」をうみだす者であるよう自らに義務を課していく。

　従来の規則で包摂できない他者あるいは「問題」が現れ、人間はそれらに対し何かしらの義務をうみだし内面化してきた。したがって、贈与は、法が

作る規則（公共性）にならうのではなく、無効化しつつある規則の前で、つまり、その規則に位置づけることができない他者に直面したときに生じる。だからこそ、現代社会における贈与の現出場面の一つが、「制度の狭間」なのである。

「物」が人をつなぐ

　また、グレーバーの表現を借りれば、次のようにいうこともできよう。制度の狭間に生じた問題あるいは陥った人々への贈与とは、権利の付与というより、ある者がいま必要とするものを手にすることができない状態でいることに対し、彼らが存在しうる状態に向けて、彼らの潜在性あるいは可能性を醸成することに寄与するアプローチである。したがって、近代的制度に包摂しづらい問題が生じる現代社会だからこそ、「贈与関係／基盤的コミュニズム／能力に応じて、必要に応じての原理／人格を通じたつながり」といった、価値を交換するのではなく移譲する関係の構築が重要だと、グレーバーは説いているのではないか。

　また、本章で、経済社会学を通じて「贈与」の特徴をいくつか明らかにした。例えば、モースは、「なぜ贈与する物が贈り主の所に戻るのか」という問いに対し、物に宿る力（マナ）が働いているからだとする。つまり、「贈り主と物」は一体である。ポランニーの分析は、物に宿る力についてではなく、3つの財・サービスとしての移行形態についてであった。グラノベターの分析は資本主義社会が対象となっているため、管見の限り、物についての分析はなく、対象化された財・サービスつまり商品が前提とされており、行為が埋め込まれるネットワークの分析が主となっている。カイエは、ネットワーク創出としての贈与に注目し、「財よりも紐帯」に焦点を当てていた。カイエと違い、グレーバーは、媒体という観点で「物」に焦点を当てている。とくに、「貨幣」と「宝物」の比較、またビル・ゲイツのソフトウェアの権利などを参照しながら、その「宝物」あるいは「物」にまつわる「action（行為）／performance（実演）–history（歴史・物語）–circulation（循環）」をポイント

にあげていた。そして、「物」のやりとりを通じて共有されるものは、所有する誰にとっても同じ価値（価格）ではなく、価値観を共有する「私とあなたの一対一」の間に生じる諸価値なのである。

さて、2章において、地域協働に関して、「子ども食堂」あるいは「フードバンク」の事例にふれ、「地域課題の内部化」の重要性をあげ、地域に備わる「ヒト・モノ・カネ」がポイントになると説明した。そこに、本章でのグレーバーの考察を加えると、それらの事例の根底にあるものが明確になると思われる。それらの事例が説得性をもちうるのは、それらが財・サービスを単に提供しているのではなく、価値の移譲・循環をもたらしているということである。例えば、「物」を与えるという行為を通じて、その「物」には「共にあろうとする潜在性」が含まれている。相手は、物を受け取るだけでなく受け取るという行為を通じてその潜在性を具体化もしている。そして返すということは、財をただ返すというのではなく、受け取った者がその共にあることを体現したものを返し、互いの間に生じた価値を循環させていることになる。

このように、経済社会学的文脈で、再分配でも市場交換でもない「贈与」を考察したことで、地域課題に対する「内部化」という「地域の限りある資源で対応する地域協働」の意味が明確になったのではなかろうか。それは、そうした資源を財・サービスとして単に提供するのではなく、「共にあろうとする潜在性を帯びた価値の移譲」だということである。だから、「子ども食堂」あるいは「フードバンク」では、物資及びサービスの単なる提供だけではなく、「価値移譲」によりネットワークが構築されているといえる。

注
（1）これまで、モース自身の理論研究と実践活動には隔たりがあり、それに関する関連性が論じられることは少なかったように思われる。例えば、以下のような記述がある。「……ではこの生協活動とかれの知的活動のあいだには、これを結びつけるなにかが存在したであろうか。これを見つけることは、困難である。古制社会の宗教がテーマのかれの社会学や民族誌と、現代社会の

階級的矛盾に発する政治＝経済的活動とは、あまりにも距離があきすぎる。『贈与論』がしめした交換理論も、両者を結ぶ媒介変数にはなりにくい」（内藤1986：14）と、理論研究と実践活動の間には深い隔たりがありそうだ。

　さて、理論研究においては、レヴィ＝ストロースによる『贈与論』を交換論とした「構造人類学」への展開は有名であるが、ホッブズが提示した問題に対して‘万人の万人による万人のための贈与’とした、サーリンズによる政治哲学的展開もある。ポイントは、「贈与は、契約する人々の個別的な利害のはるか上空にそびえたつ第三者を、決して必要条件とするものではない。もっとも重要なことは、人々の力をとりあげてしまわないことだといえよう」（Sahlins 1972＝1984：203）。つまり、贈与とは、虐殺の回避をしながら、同時に対抗関係を残存させてもいる。三上（2018）も、贈与がもつ、「シンボリックなものとディアボリックなもの」の同時性、「象徴性と悪魔性」の一体性を指摘し、贈与に想定されやすい「牧歌的・神話的」側面を批判している。また、古市（2020）では、現代社会における意義を探るべく、「制度の狭間における贈与」について論じられている。他方、実践活動の方から、その溝を埋めるかのように、とくにフルニエが編集したモースの政治論集（*Écrits politiques*〔1997〕）がある。そこでは大戦間での論稿が多く、ファシズムとボリシェヴィズム、協同組合論、暴力論、社会主義論、ナシオン論など、様々な実践活動におけるモースの思想的立場などが明らかとなっている。

　近年国内において、『マルセル・モースの世界』（2011）により「異貌のモース」が明るみに出されている。本章と関わりがある章をあげると、3章・溝口（2011）「呪術　1899年のモース──『供犠論』と『社会主義的行動』」、5章・真島（2011）「政治　未完のナシオン論──モースと〈生〉」、6章・佐久間（2011）「経済　交換、所有、生産──『贈与論』と同時代の経済思想」などがあり、とくに溝口（2011）では、宗教論『供犠論』と最初の政治論文「社会主義的行動」が書かれた1899年を、理論研究と政治実践活動・研究との橋渡しとなる「供犠論的転換」の起点として捉え、さらに溝口（2012）で展開されている。

　さらに、岩野（2019）『贈与論──資本主義を突き抜けるための哲学』や山田（2020）『可能なるアナキズム──マルセル・モースと贈与のモラル』が出ている。とくに後者では、デュルケームとの国家観の違い、『贈与論』を軸にサーリンズ、クラストル、ドゥルーズ・ガタリ、グレーバー、そして生産様式／交換様式論としてマルクス、ポランニー、柄谷行人を通じて、モースの思想が縦横無尽に展開され深化されている。

　これらの研究はモース研究の中の一部ではあるが、これらの成果により、これまでモース研究において自明とされていた「距離」を埋めつつあるように思われる。

　以下、物と財の区別については、等価交換の対象物として「財」を、贈与

の対象物として「物」を用いている。前者は人と物との関係性がないのが特徴、後者はその関係の一体性が特徴である。

(2) 一例として、この社会的交換と経済的交換を「エロスの交易」と「ロゴスの交易」として、ハイドは捉える。彼は、この贈与あるいは社会的交換を「エロス（愛）の交易」と捉える。その贈与は、その交換を通じて2人の人間の間に、何らかの感情的な絆を確立するのに対し、商品交換は、その交換を通じて何ら必然的な関わりを残さない。それゆえ、贈与は「惹かれあう結合の原則」や「互いを拘束しあう強い感情」をもたらす、「エロス（愛）」の交易である。したがって、贈与はある共同体「内」の成員の同一性を保持するための交換といえ、他方、商品交換は共同体「間」でなされる交換である。その交換には、どのような共同体にも通用する貨幣が必要となり、感情的なつながりよりは、計算的合理性や論理が重要となる。すなわち「ロゴス」による取引である（Hyde 1979（1983）：56, 57, 61, 76＝2002：84, 86, 90, 113）。

(3) この「ハウ」概念に対して、レヴィ＝ストロースはモースと立場を異にする。Mauss（1924＝2014）では、交換される物に潜む神秘的力や、この何とも名づけえぬ不可知な対象をマナやハウとして捉えられた。それに対し、レヴィ＝ストロースによると、それらの対象は、実在の概念ではなく意味する側の思惟の概念として認識される。人間は不可知なもの（意味されるもの）を常に与えられており、それを意味づけるものを過剰にうみだしていく。「意味されるもの≠意味するもの」という不均衡な状況下に人間はいる。マナなどは、実在概念ではなく思惟概念である。その不可知な内容に形を与える「代数の記号、内容のない形式」（Mauss 1950：51＝1973：42）である。

(4) ポランニーとモースの理論的関係は、管見の限り見つけられなかった。筆者がまとめるところによると、どちらもマリノフスキー『西太平洋の遠洋航海者』（1922＝1967）を原典とし、贈与や互酬性について、ポランニーが財・サービスの移動形態として捉えるのに対し、モースがどのようにその交換形態が成り立つのかという視点から「与える―受け取る―返す」という構造をあばき出している。また、本章は、贈与から形成される社会関係を牧歌的に捉えておらず、贈与がもつ暴力・悪魔性なども念頭に置き論じている。

(5) Lévesque et al.（2001：35）によると、ブルデューは経済学でいう希少性の文脈あるいは利益の最大化で関心・利益を捉えてはいない。むしろ、関心と資本の分析から主体の具体性をあばいているという指摘もある。

(6) 経済学の探求のために経済人（ホモ・エコノミクス）という経済主体、つまり利己的、合理的に自分の効用を最大化するという主体を想定する経済学を「伝統的経済学」と呼ぶ。
　　こうした伝統的経済学に対し、経済学の立場から内在的批判が始まる。「20世紀の末葉以来、伝統経済学と異なるアプローチを採用する諸分野が経済学の内部に台頭してきた。第一に20世紀の半ば以来発展してきたゲーム理論が

経済学の内部に取り込まれることで、経済実験の可能性が大きく広がり、実験経済学という分野が新たに確立するに至ったことである。そこでは、合理的経済人のモデルでは説明することが困難なアノマリーが多数発見されることになる。第二に、こうしたアノマリーを説明するために心理学的実験手法を導入して、リアルな人間行動を分析しようとする行動経済学という分野も立ち上がることになった。さらに第三に、1990年代以降の脳内プロセスの計測技術の進展とともに、神経経済学という分野も成立する」（瀧澤 2015：137）。例えば、「行動経済学は、心理学、社会学、文化人類学、脳神経科学などの成果を取り入れ、実験や実証研究から、経済人の仮定が重要と思える現実の経済行動と矛盾する場合があることを示し、それらを説明する理論を提供してきた」（大垣・田中 2014：3）。

　また、「経済学的人間モデル」を追求かつ探求することが別の実りをもたらすという。「かつて、"経済学は合理的行動を扱い、社会学は不合理的行動を扱う"というような便宜的な境界線が主張されることもあったが、こうした経済学的人間像を深めていくことで、社会学と経済学との対話の道が開ける可能性があることである」（瀧澤 2015：139）。

（7）グレーバーが取る立場は「コミュニズム／交換／ヒエラルキー」からなり、それらはあらゆる場所で常に共存している諸々のモラルの原理である。「コミュニズム communism」（Graeber 2011：94-102＝2016：142-154）は、「基盤的コミュニズム」を、「日常におけるコミュニズム（everyday communism）」と、災害などの非日常時での「間に合わせのコミュニズム（rough and ready communism）」から考えており、マルクス主義がいう、生産手段の所有、遠い未来のどこかで達成される「神話的コミュニズム」とは一線を画す。

　次は「交換」（Graeber 2011：102-108＝2016：154-162）であり、等価性にまつわるすべてである。詳細は本章で論じる。

　「……どちらも収支決算／損得計算をおこなっていること、（ある種の永遠という概念を内包しているコミュニズムとは異なって）常に関係全体が解消され、双方がいつでも終止符を打つことができること、このような自覚が存在するのである。……商業的交換の特徴は、その非人格性である。……交換はわたしたちの負債の解消を可能にしてくれる。交換は負債をチャラにする手段、つまり関係を終わらせる手段を与えてくれる」。

　最後は、「ヒエラルキー」（Graeber 2011：161-170＝2016：109-113）であり、「コミュニズムはヒエラルキーに移行しやすいが、交換関係への移行は困難」と論じ、コミュニズムによる関係が硬直化した場合に、階層性に転化しやすい。

（8）グレーバーはモースの思想をコミュニズムとして捉えている。「モースのコミュニズムは、各々の当事者が他者の life（生命・生活）を維持することに関わっている無制限の合意」（Graeber 2001：162＝2022：260）のこと。労働についていえば、モースの観点からすると労働とは、金銭だけでなく生命のやりとり

でもある。

　「労働者はみずからの生命と労力を提供してきたのであるけれども、それは雇用主に対してばかりでなく、集団全体に対してもである。なおかつ労働者が、保険事業にも参加を義務付けられるのである以上、労働者が提供するサービスから恩恵を受けてきた人々は、雇用主が労働者に給与を支払っているからといって、その労働者に対してすべての借りを返したことにはならない。国家みずからが、共同体を代表＝代行するものとして、労働者の雇用主とともに、それに労働者自身の参与も得て、労働者の生活にある一定の保障をなす義務を負うのである。それが失業に対する保障であり、疾病に対する保障であり、老齢や死亡に対する保障であるわけだ」（Mauss 1950：260-261＝1973：400-401）。労働はただの賃労働ではなく、互いの生活・生命の維持活動でもある。つまり、労働においても、「能力に応じて、必要に応じて」というコミュニズムが基礎となっている。

(9)　グレーバーが「負債」を重視する論拠は、サーリンズ『石器時代の経済学』（1972＝1984）である。

　「婚姻交換を、完全に均衡のとれた給付だとみなすと、時として肝要な点を見のがすことになりかねない。……姻戚間の交換も厳密に平等であるとは限らず、質が非対称的である」。

　「こうした二集団間の不平等こそ、社会的にいって、一つの財産（善）なのだ。……いずれの側にも《負い目》がないと、両者をつなぐ紐帯はそれだけ脆弱となる。これに対し、勘定が清算されないままだと、《負い目の影》のおかげで、関係が維持され、いつか未来に、おそらく未来の支払いのとおりに、提携の機会がやってくるはずなのである」（Sahlins 1972：204-205＝1984：272-273）。

　サーリンズは、モースの「全体的給付体系」を一般化された相互性（generalized reciprocity）と捉える。つまり、社会関係が財の転移を規定し、利他的で無限定な相互性、あるいは連帯性の極を特徴とし、「open-ended responsibility（責任）」をうみ、字義どおり、互いの「応答可能性」からのやりとりを意味する。マイナス面においては、「ひいき、利益供与などへ移行しやすい」、一方、プラス面としては「永続的な関り」をうむ。

(10)　ギフト（gift）という一つの単語が「贈り物」という意味と「毒」という意味の両価性を同時に含んでいる。「贈り物」が牧歌的な共同体をうみだすという単純なやりとりではないということがわかる。「贈り物としての飲み物はつねに呪力をもつものである。その呪力によって、その飲み物を分かちあった者たちは永遠に結び合わされるとともに、そのうちの誰かが道義にもとることをしようものなら、その人にはつねに呪力が逆に跳ね返りうることになる」（Mauss 1924：49＝2014：44-45）。

(11)　この点を具体的に記述する。経済のグローバル化を、バウマンは「liquid modernity」と呼ぶ。文明史的観点から、空間の制覇、規模の拡大を目指した

「重い近代」から「軽薄短小」に表れる流動性を重視した「軽い近代」へ移行していると指摘する（Bauman 2000：113-118＝2001：149-161）。また、ハリソンは、こうした社会をもたらす企業活動とその影響を「flexible society」と捉える（Harrison 1994：190）。

　　さらに企業組織内では、「チームワーク」の名のもと、権威と結果責任の所在を欠いた中身のない虚構な共同体となり、組織が「縮層化」されていく（セネット 1998＝1999：52）。他方、個人に関しては、日常的な業績査定を通じた仕事全般に対する過剰な「自己の管理化」が徹底される（ブルデュー 1998＝2000：157）。また、労働組合といった労働者を守る団体が縮小し、労働者には持続的な社会関係を結ぶ機会や場が少なくなり、そして「臨時雇用化」（セネット 1998＝1999：52）も生じてくる。フレキシブルな経済社会に生きる人は、「共に何かをする」ための時間や機会が得にくくなり、人と人を互いに結びつけ支え合っているという感覚（character）さえもが腐食していく（セネット 1998＝1999：21）。

（12）ホネットによるフレイザーの要点は以下である。
　　1. 一般的に認知された承認闘争しかみていない、つまり「水面下」での承認闘争をみていない。
　　2. アイデンティティポリティクスを「利用する集団」が存在することをみていない。
　　3. 社会運動が物質的利害からアイデンティティへと移行するという現象は新しい現象といえるのか（Fraser and Honneth 2003：129-136＝2012：118-125）。
　　4. 承認概念を一つの形式の社会的承認だけに、つまり「文化的」承認だけに制限することはきわめてミスリーディングである（Fraser and Honneth 2003：151, 160＝2012：171, 182）。

（13）承認が「感謝」の意となるのは、フランス語特有の表現に表れている（Caillé 2007b：206-208）。「gratitude」は「reconnaissance」であり、「donner sa reconnaissance (gratitude) à ～：～に感謝の意を表す」という慣用句がある。またカイエは、自分たちの承認論の独自性として、以下のようにまとめる。
　　1. identification（文化的自己同一性）と valorization（闘争からの価値づけ）に、La gratitude（感謝）を付与。
　　2. 同一集団に対して、横断的つながりをうむ源泉。
　　3. 功利主義に基づいた承認要求は、財の要求と承認の配分となりがち。他方、承認＝贈与により社会成員に、贈与する能力が醸成されるという見方を提示。

参考文献
岩野卓司，2019，『贈与論——資本主義を突き抜けるための哲学』青土社.

大垣昌夫・田中沙織，2014，『行動経済学——伝統的経済学との統合による新しい経済学を目指して』有斐閣.

大澤真幸，1990，『身体の比較社会学Ⅰ』勁草書房.

————・千葉雅也，2021，『ブルシット・ジョブと現代思想（THINKING「O」）』左右社.

グレーバー，デーヴィッド，2014＝2020，『民主主義の非西洋起源について——「あいだ」の空間の民主主義』片岡大右訳，以文社.

小関藤一郎，2000，「モース（Marcel Mauss）の政治社会学論について」『関西学院大学社会学部紀要』84：39-56.

佐久間寛，2011，「経済　交換、所有、生産——『贈与論』と同時代の経済思想」モース研究会『マルセル・モースの世界』平凡社新書：181-212.

セネット，リチャード，1998＝1999，『それでも新資本主義についていくか』斎藤秀正訳，ダイヤモンド社.

————，2006＝2008，『不安な経済／漂流する個人』森田典正訳，大月書店.（2015年5月7日取得，http://www.revueduMAUSS.com）.

瀧澤弘和，2015，「経済学的人間像の変遷とその社会的意義」『感情心理学研究』22(3)：136-140.

内藤莞爾，1986，「マルセル・モースの知的生涯」『立正大学文学部研究紀要』2：5-47.

古市太郎，2020，「特集論文　経済社会学における贈与の意義——交換形態、ネットワーク、制度の狭間」『国際開発研究』29(1)：23-36.

ブルデュー，ピエール，1998＝2000，『市場独裁主義批判』加藤晴久訳，藤原書店.

ホネット，アクセル，1992＝2003，『承認をめぐる闘争——社会的コンフリクトの道徳的文法』山本啓・直江清隆訳，法政大学出版局.

真島一郎，2011，「政治　未完のナシオン論——モースと〈生〉」モース研究会『マルセル・モースの世界』平凡社新書：157-179.

三上剛史，2018，「『贈る』行為の両義性　『贈与論』再考——モースからジンメルそしてルーマンを経由して」『追手門学院大学社会学部紀要』12：1-18.

溝口大助，2011，「呪術　1899年のモース——『供犠論』と『社会主義的行動』」モース研究会『マルセル・モースの世界』平凡社新書：115-144.

————，2012，「マルセル・モース——社会主義・労働・供犠」『POSSE』14：168-185.

山田広昭，2020，『可能なるアナキズム——マルセル・モースと贈与のモラル』インスクリプト.

渡辺深，2006，「新しい経済社会学——グラノヴェターの『埋め込み』概念を中心にして」富永健一編『理論社会学の可能性——客観主義から主観主義まで』新曜社：176-192.

Bauman, Zygmunt, 2000, *Liquid Modernity*, Polity Press.（森田典正訳，2001，『リキッド・モダニティ』大月書店.）

Blau, Peter M., 1964, *Exchange and Power in Social Life*, New York: John Wiley & Sons.（間場寿一・居安正・塩原勉訳，1974，『交換と権力——社会過程の弁証法社会学』新曜社.）

Bourdieu, Pierre, 2005, "Principles of an Economic Anthropology," Smelser, Neil J. and Swedberg, Richard eds., *The Handbook of Economic Sociology*, 2nd ed., Princeton University Press.

Caillé, Alain, 1989（2003）, *Critique de la raison utilitaire: Manifeste du MAUSS Avant-propos et postface inédits de l'auteur*, Paris: La Découverete.（藤岡俊博訳, 2011,『功利的理性批判――民主主義・贈与・共同体』以文社.）

―――, 1992, "Utilitarianism and Anti-Utilitarianism, *Thesis Eleven*, 33(1), 57-68. (Retrieved May 5, 2015, http://the.sagepub.com/content/33/1/57.citation)

―――, 2000（2007）, *Anthropologie du don*, Paris: La Découverete.

―――, 2004（2009）, "De la quête de reconnaissance," *Théorie anti-utilitariste de l'action*, Paris: La Découverete：149-168.

―――, 2007a, "Sociology as Anti-Utilitarianism," *European Journal of Socila Theory*, 10：277-286.

―――, 2007b, "Reconnaissance et Sociologie," *la quête de reconnaissance-nouveau phénomène social total*, Paris: La Découverete：183-208.

―――, 2009, *Théorie anti-utilitariste de l'action*, Paris: La Découverete.

―――, 2014, *Anti-utilitarisme et paradigme du don. Pour quoi?*, Le bord de l'eau.

Chanial, Philippe, 2010, "L'instant fugitif ou la société prend," *Revue du MAUSS*, 2010/2 (36)：1-12.（Retrieved March 15, 2020, https://www.cairn.info/revue-du-mauss-2010-2-page-521.htm)

Fraser, Nancy and Honneth, Axel（Joel, Golb, Ingram, James and Christiane, Wilke trans.）, 2003, *Redistribution or Recognition?: A Political-Philosophical Exchange*, London & New York.（加藤泰史監訳, 2012,『再配分か承認か？』法政大学出版局.）

Godbout, Jacques T., 2010, "En finir avec le don?" *Revue du MAUSS*, 2010/2(36)：1-12.（Retrieved March 15, 2020, https://www.cairn.info/revue-du-mauss-2010-2-page-493.htm?contenu＝resume)

―――, en collaboration avec Alain Caillé, 1992, *L'Esprit du Don*, Paris: La Découverete.（translated from the French by Donald Winkler, 1998, *The World of the Gift*, Montreal & Kingstone・London・Ithaca: McGill-Queen's University Press.）

Graeber, David, 2001, *Toward an Anthropological Theory of Value: The False Coin of Our Own Dreams*, Palgrave.（藤倉達郎訳, 2022,『価値論――人類学からの総合的視座の構築』以文社.）

―――, 2011, *Debt: The First 5000 Years*, Melville House.（酒井隆史監訳、高祖岩三郎・佐々木夏子訳, 2016,『負債論――貨幣と暴力の5000年』以文社.）

Granovetter, Mark S., 1973, "The Strength of Weak Ties," *The American Journal of Sociology*, 78：1360-1380.（野沢慎司編・監訳, 2006,「弱い紐帯の強さ」『リーディングス　ネットワーク論――家族・コミュニティ・社会関係資本』勁草書房：123-158.）

―――, 1985, "Economic Action and Social Structure: The Problem of Embeddedness," *The American Journal of Sociology*, 91(3)：481-510.

―――, 1992, "Economic Institutions as Social Constructions: A Framework for Analysis," *Acta Sociologica*, 35(1)：3-11.

――――, 2002, "A Theoretical Agenda for Economic Sociology," Guillen, Mauro F., Collins, Randall, England, Paula et al. eds., *The New Economic Sociology: Developments in an Emerging Field*, New York: Russell Sage Foundation.

Harrison, Bennett, 1994, *Lean and Mean: The Changing Landscape of Corporate Power in the Age of Flexibility*, New York: Basic Books.

Hyde, Lewis, 1979 (1983), *The Gift: Imagination and the Erotic Life of Property*, London: Vintage Books.（井上美沙子・林ひろみ訳, 2002,『ギフト――エロスの交易』法政大学出版局.）

Lévesque, Benoît, Bourque, Gilles L. and Forgues, Éric, 2001, *La nouvelle sociologie économique: originalité et diversité des approches*, Desclée de Brouwer.

Mauss, Marcel, 1924, "Gift-gift, Melanges offerts Charles Andler par ses amis et ses eleves," *Euvres*, III：44-46.（森山工訳, 2014,『贈与論　他二篇』岩波文庫.）

――――, 1950, *Sociologie et Anthropologie*, Press Universitaires de France.（有地亨・伊藤昌司・山口俊夫訳, 1973,『社会学と人類学 I』弘文堂.）

――――, 1967, *Manuel d'ethnographie*, 3rd ed., Payot & Rivages.

――――, 1997, *Écrits politiques*, Librairie Arthème Fayard.

Polanyi, Karl, 1957, "The Economy as Instituted Process," *Trade and Market in the Early Empire*, The Free Press.（玉野井芳郎・平野健一郎編訳, 2003,「制度化された過程としての経済」『経済の文明史』ちくま学芸文庫：361-413.）

――――, 1977, *The Livelihood of Man*, Academic Press.（玉野井芳郎・栗本慎一郎訳, 1980,『人間の経済 I　市場社会の虚構性』岩波現代選書.）

Rosanvallon, Pierre, 1995, *La Nouvelle Question Sociale: Repenser l'État-providence*, Édition du Seuil.（北垣徹訳, 2006,『連帯の新たなる哲学――福祉国家再考』勁草書房.）

Sahlins, Marchal, 1972, *Stone Age Economics*, Routledge.（山内昶訳, 1984,『石器時代の経済学』法政大学出版局.）

Smelser, Neil J. and Swedberg, Richard eds., 2005, *The Handbook of Economic Sociology*, 2nd ed., Princeton University Press.

Swedberg, Richard, 1997, "New Economic Sociology: What Has Been Accomplished, What is Ahead?," *Acta Sociologica*, 40(2)：161-182.

Wrong, Dennis, 1961, "The Oversocialized Conception of Man in Modern Sociology," *American Sociological Review*, 26(2)：181-193.

4

「学習支援」を通じた多機関連携と
ソーシャル・キャピタルの醸成

　3章では、地域課題を論じる際の新たな問題設定である「外部化／内部化」の重要性を論じ、その設定を「地域課題の内部化」を経済社会学の文脈における「贈与」理論として展開した。その理論展開を、ポランニー、グラノベター、カイエ、グレーバーの考察から検討し、「内部化」の根底にある贈与の現代的意義が明確になったと考える。具体的にいうと、2章でふれた「子ども食堂あるいは地域食堂」といった事例が現在の社会状況において説得性をもつ理由が明らかとなった。まずは、市場交換と再分配という制度が首尾よく社会問題に対応できないという点である。つまり、それらが市場交換や再分配とは違う物・サービスの移行形態であり、制度の狭間においてこそ機能するからである。続いて、そうした対応がもつ意味が経済社会学的に明確となった。それらが物・サービスをただ提供するというのではなく、価値の移譲・循環をもたらしているということであった。

　さて、4章では、参与観察を介した学習支援という事例から、制度の狭間の問題について、考察をさらに深めていく。そこには、「エリア型／テーマ型」コミュニティが横断するという事例、（各世帯の）課題を外部化できない状況だからこそ内部化せざるをえないという実情、「地域の限りある資源」を組み合わせる地域福祉コーディネーター（以下、CSW）の取り組みと多機関連携、といった様々な社会問題に関わる意義が見て取れよう。

　具体的に、制度の狭間にある「学習」という問題に対し、どのような経緯で筆者が関わる学習支援団体（以下、社団A）が創設されたのか、またどのようにCSWは「地域の限りある資源」を社団Aへと接続できたのか、各組織間の連携の形成また持続性、そもそもボランティア団体はどのような契機で

うまれるのかについて、社団 A という学習支援の取り組みを事例にして検討する。

4-1 「新たな公共プロジェクト」と
文京ボランティア・市民活動センター

　図 4-1 をみると、東京都にある文京区の面積は、おおよそ 4km × 4km の 16 ㎢であり、その中を縦断する形で、東から東京メトロ千代田線、東京メトロ南北線、都営地下鉄三田線、東京メトロ有楽町線、横断する形で都営地下鉄大江戸線、東京メトロ丸ノ内線が走り、非常に交通の便がよい区となっている。以下、本章に関係する基本情報を概観しておく。

　この 5 か年の人口推移であるが、2019 年は総数 22 万 1489 人（内訳：男子 10 万 5462 人、女子 11 万 6027 人）で、2022 年は総数 22 万 9653 人（内訳：男子 10 万 9221 人、女子 12 万 432 人）となり、総数は約 8000 人増えている（図 4-2）。

　高齢者人口は、2019 年の 4 万 3008 人から 2021 年の 4 万 3527 人へとほ

図 4-1　文京区の地図

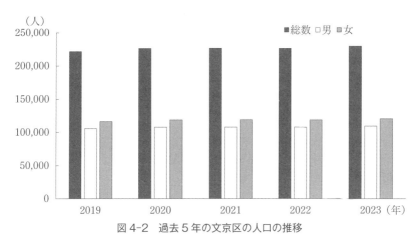

図 4-2　過去 5 年の文京区の人口の推移

文京区「文京区人口統計資料」をもとに作成。

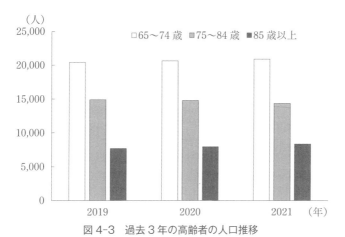

図 4-3　過去 3 年の高齢者の人口推移

文京区「文京区人口統計資料」をもとに作成。

ぼ横ばいといえる（図4-3）。また、総人口から高齢化率を出してみると、2019 年度から数年、ほぼ 19％前後の数値で推移しており、急激な高齢化は進んでいない。

　図 4-4 をみると、2014 年の児童生徒総数は 9417 人で、2019 年のそれは 1 万 1394 人と 6 年で約 2000 人増えている。高齢者数はほぼ横ばいでありな

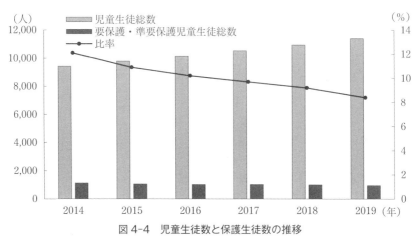

図 4-4　児童生徒数と保護生徒数の推移

文京区「教育概要」をもとに作成。

がら、児童生徒数は増加している区といえる。そして、2014 年の要保護・
準要保護児童生徒総数は 1138 人から 2019 年のそれは 960 人と減少傾向に
ある。その総数のあり方により要保護・準要保護児童生徒総数の比率も
12.1％から 8.4％へと減少している。数字上は保護生徒数が減っているが、
母数である児童生徒総数が増えているため、その割合の増減については注意
が必要であり、また保護生徒の暮らし向きがよくなっているから、その比率
が減っているということではない。したがって、数字の背後にある意味を読
み取らなければいけない問題であると考える。(1)

　さて、文京区政では、2005 年 4 月に施行した「『文の京』自治基本条例」
の中で「協働・協治」を自治の理念と位置づけている。その協働・協治とは、
「各主体は、協働・協治の考え方に基づき、相互に理解を深め、それぞれの
果たすべき役割と責任を分担し、助け合いながら自主的・自律的に活動を行
う」（文京区「『文の京』自治基本条例」第 2 章 自治の理念と基本原則 第 1 節 自治の理
念〔協働・協治〕第 3 条）。

　さらに、2010 年 6 月に策定した文京区基本構想に掲げた新たな公共の担
い手との連携を具体化するに当たっての方策について検討するため、2011

年度に「文京区新たな公共の担い手専門家会議」を設置し、2012年度4月に「文京区と新たな公共の担い手との協働の推進──文京区から始まるソーシャルイノベーションに向けて」の提言が区長に提出された。「従来のやり方に拘泥することなく、多様な主体が力を合わせるための場をつくり、担い手を新たに創出することを通じて、地域課題を解決し、地域経済の活性化にも寄与するというソーシャルイノベーションを文京区から起こすことによって、より豊かな地域社会を築いていける」という提言がなされた。

　この提言の具体化として、2013年度から2015年度まで、地域課題の解決を図る担い手を創出する「新たな公共プロジェクト」を実施し、このプロジェクトによって創出された多くの新たな担い手が行政だけでは対応できない地域ニーズの解決に向けて始動してきた。

　その経緯、目的及び成果の詳細については、「文京区新たな公共プロジェクト成果検証会議報告書」に記されているが、注目する課題が2点あげられている。

1. 地域で生まれた活動が「継続的に質の高い公共サービスを提供する」状況までには至りませんでした。
2. 既存の地縁組織（町会、自治会）、NPO及び企業と「新たな公共の担い手」とのつながりが十分とはいえません。

「文京区新たな公共プロジェクト成果検証会議報告書」には、従来のやり方に拘泥することなく多様な主体が力を合わせた取り組みにもかかわらず、2章で論じたように、「地縁組織・エリア型コミュニティ」と「市民組織・テーマ型コミュニティ」の協働の難しさが記されている。また、地域における新たな公共の担い手の創出を試みていたが、地域で自生した活動が「公共性」を担うことの困難さも報告されている。

　他方、文京区社会福祉協議会（以下、文社協）でも、2004年度から文京ボランティア・市民活動センター（以下、センター）と改称し、福祉分野を中心

としたボランティア・NPO団体の支援を行い、ボランティア活動推進に一定の成果をあげてきている。また、2012年度からはCSWをモデル地区に配置し、アウトリーチによる地域課題の把握と解決に取り組んでいる。(2)

そのセンターにも課題がある。まずは「新たな担い手の不足」である。CSWによる地域課題の発掘が進む一方、社会変化と共に、多様化・複雑化した社会問題に対し、解決主体となる活動家・団体等が不足し、また従来の福祉の枠にとらわれない新たな担い手が必要となっている。

続いて、「多様なセクターによる協働」である。公的なサービスの整備が進んでいるにもかかわらず、様々な問題が出現している現状を考えれば行政や社会福祉協議会、既存団体だけで課題を解決するには限界があり、地域住民やボランティア・NPO団体、企業、事業者（商店、企業、ソーシャルビジネス等）、学生等の連携・協働による課題解決に向けた新しい仕組みづくりが必要となる。

そして、「活動スペースの不足」である。日頃から様々な事業を通じて、積極的に地域に出向きボランティア・市民活動の啓発等を進めていく中で、登録団体の増加につながっている。その増加に伴い、活動室の利用が集中して予約が取りづらい状況になり、活動スペースの拡大が求められている。

このように、CSWによる地域課題の発掘が進む中、従来の「福祉枠」にとらわれない担い手あるいは協働する多様なセクターが必要になり、同時に、その分のスペースの不足を補うためにも、「中間支援施設」が必要となる。この多様なセクターには、「エリア型コミュニティ」と「テーマ型コミュニティ」の連携が視野に入っており、コミュニティ政策が抱える課題の克服が目指されている（図4-5）。

したがって、文京区政あるいは文社協における取り組みは、支援対象の担い手の層が違うものの類似性もあり、連携・連動していくことが効果的であることが共有されていると考えられる。そこで、文京区区民センターの改修を契機に、これらの課題を踏まえ、文社協が「中間支援施設」の母体として運営していくこととなり、「中間支援パワーアッププロジェクト（2016年度4

①②③：区と文社協の協働

| ① | 区 | 2013～15
「新たな公共プロジェクト」 | |

| ② | 文社協 | 2004～
センター | 2012～
CSW 設置 |

| ③ | 中間支援
施設開設へ | 2016
中間支援パワーアップ
プロジェクトなど | 2017～
「フミコム」開設 |

図 4-5　文京区と文社協の取り組み

筆者作成。

月から 8 月まで）」、続いて、「開設準備委員会（2016 年度 9 月から 3 月まで）」が開かれた。

　また、当時の中間支援施設の方向性と機能は以下のように考えられていた。

〈中間支援施設の基本的方向〉

1. 人と人、人と組織、組織と組織をつなぐ。
2. ニーズにあわせた支援体制。
3. 新たな担い手の創出としての社会起業家支援。

〈中間支援施設の 4 つの機能〉

1. 拠点機能：活動者が集まりやすい空間。
2. ハブ機能：新たな連携・協働をつなぐ。
3. ファシリテーション機能：活動をより幅広く展開。
4. 創発機能：情報やアイデアの創出と発信。

基本的方向と4つの機能については目新しさよりも、中間支援施設が単な
る交流場所ではなく、また各機能が単発ではなく、重層的な機能を有すると
いう点が重要である。図4-6に記されているように、その重層性を活かす
ため、そこでは、CSWが発掘してきた地域課題や中間支援施設に訪れた人
（資源）を結び合わせる「活動支援コーディネーター」（当時の名称）が常駐し
ている。つまり、資源が埋もれていたり、あるいはニーズがほったらかしに
されることなく、地域課題・ニーズを把握した資源との組み合わせがなされ
る体制が想定されている。

　設立準備委員会での熟慮と検討の結実として、2016年3月に「中間支援
施設」の愛称が公募で決まった。それが通称、フミコム（現在、地域連携ステー
ション）である。

　図4-5にあるような「重層的なコーディネート」が「フミコム」の特徴
であり、各コーディネーターのニーズ把握に基づいた「連動する対応」によ
るニーズと資源の組み合わせが目指される。地縁をベースにした地域協働も
各コーディネーターのニーズ・資源のやりとりを通じて、複合的課題に対応
しうると考えられる。

　こうした構想からうみだされた具体的な実践的協働事例として、2018年
度から始まった「提案公募型協働事業」（通称、Bチャレ）があげられる。Bチャ
レとは、フミコムの目的である「新たなつながりを創出し、地域の活性化や

図4-6　設立時の中間支援施設とコーディネーターの位置づけとイメージ図
筆者作成。

地域課題の解決を図るための協働の拠点」の体現を目指し、NPO・企業・行政・学生（学校）・ソーシャルビジネス等による地域課題解決のための事業を募集し、その事業を実践する活動に助成している。新たなつながり部門とチャレンジ部門の2つからなり、前者は年度ごとに文京区と文社協が設定した地域課題に対して、その解決に向けた礎を築くために理解者を増やすことを目指し、地域と区が連携し、協働する事業への醸成を図る。後者は2022年度から、地域で活動する団体のイベントやキャンペーン事業を通して文京区での実績や関係づくりを応援するために新設された。このように、NPO・企業・行政・区民などの協働を通した地域課題の解決のための仕組みづくりがなされている。(3)

4-2　学習支援における社団Aの設立経緯・活動内容——自立と展開

学習支援を取り巻く社会動向

2016年から文京区政と文社協が中間支援施設づくりで連携、つまり「新たな公共プロジェクト」の流れを踏まえた地域社会の担い手づくりへの新たなアプローチが始まった。こうした区内の動きと時を偶然に同じくして、社団Aは任意団体として学習支援活動を始める。その設立時の状況を振り返っておく前に、全国の学習支援団体と子ども食堂を取り巻く動向を確認していく。

2015年、「生活困窮者自立支援制度」が始まる。それは、自立相談支援事業、住居確保給付金の支給、就労準備支援事業、家計改善支援事業、就労訓練事業、生活困窮世帯の子どもの学習・生活支援事業、一時生活支援事業という支援からなっている。本章で対象となる支援は、「生活困窮世帯の子どもの学習・生活支援事業」で、とくに学習支援事業である（厚生労働省「制度の紹介」）。

全国の学習支援団体の事例調査については、すでに2015年に、三菱総合研究所人間・生活研究本部が「『生活困窮世帯の子どもの学習支援事業』実

践事例集」を提出している（三菱総合研究所人間・生活研究本部 2015）。

　分析の枠組みとしては、都市の規模において、「政令市／中核市／大都市（20 万人以上）、中都市（10 万人以上）、小都市（10 万人未満）／町村／都道府県」という形で、実施体制については「直営／委託」、そして事業形態については「拠点型・集合型（拠点に集まる）／訪問型（家庭訪問）」で分類されている。各団体の実施体制については「直営型 16／委託型 17」、また事業形態においては「拠点型・集合型 23／訪問型 18」の事例数を取り扱っている。ちなみに、この事例集の分類からすると、参与観察した社団 A は、「委託型／拠点型・集合型」である。

　また、全国の学習支援団体の組織化の動きも生じている（全国子どもの貧困・教育支援団体協議会）。一例をあげると、2016 年、「一般社団法人全国子どもの貧困・教育支援団体協議会」が創設され、現在 74 団体から構成されている。この協議会の目的は、「『子どもの貧困』という問題に起因して、教育を受ける機会を失っている子どもたちの支援強化のため、日本各地で活動する教育支援団体をネットワーク化し、すべての子どもが夢や希望を持つことができる社会の実現を目指し」ている。生活困窮者自立支援制度の成立から始まり、子どもの貧困あるいはそれに対する学習支援についての「関心」は広まりつつある。

　また、全国の子ども食堂の推移については、「認定 NPO 法人全国こども食堂支援センター・むすびえ」が、「『こども食堂が全国のどこにでもあり、みんなが安心して行ける場所となるよう環境を整える』ことをミッションとしており、2025 年には、全小学校区（現在 18,851 校。文科省「令和 4 年度学校基本調査」による）に対して 1 つ以上のこども食堂がある状態を目指しています。本調査は、その実現のための調査研究事業として、2018 年より毎年行なっています」という目的から調査を行っている。2018 年は 2286 か所、2020 年は 4096 か所、2021 年 6014 か所、そして 2022 年 7363 か所となっている。2021 年度から 1349 か所増加し、コロナ禍以降（2020 年 2 月以降）において、最も多い増加数になっている（全国こども食堂支援センター・むすびえ）。

文京区の居場所や子ども食堂については、2013年辺りから文京区にも居場所といわれるものが現れ始め、対象種別と活動種別から、文社協の「福祉マップ」に登録されている。活動種別は以下のとおりである（文京区社会福祉協議会「福祉マップ」）。

- ふれあいいきいきサロン：地域住民が主体的に行う、主に交流を目的とした活動
- かよい〜の：地域住民が主体的に行う、主に介護予防を目的とした週1回以上行われる活動
- つどい〜の：地域住民が主体的に協議して週4日以上開設し、様々なプログラムを行う常設の場
- サロンぷらす：地域住民が主体的に行う、地域の社会課題に対応する活動
- 高齢者クラブ、子ども食堂

　社団Aが法人化する前にお世話になった「こまじいのうち」も「常設の居場所」として登録されている。

　さて、こうした学習支援団体や子ども食堂が「人口に膾炙」する前の話となるが、社団Aがまだ任意ボランティア団体として設立時の2012年は、初代代表が「子どもの貧困」あるいは「学習支援」の必要性を訴えても、当時の文京区からは取り次いでもらえなかったときであった。しかし、この年すでに、文社協・CSWへの電話には、「受験などに向けた塾費の支援あるいは給付などの問い合わせ」が増えていることを教えてもらった。統計資料に出てこない日々の切実な問い合わせである。そこで、代表の意図を汲んでもらい、CSWの支援を受けながら、4人（70代1人、50代2人、筆者）による任意ボランティア団体設立の準備が始まった。(4) まさに、行政システムによる対応の不十分さから零れ落ち、ましてや家庭の経済状況から塾費も支払えない。こうした狭間に陥る子どもたちに何かできないかということから動き始めた。そして、受講生あるいはスタッフの募集のノウハウがなく、開催する教室を所有していないなど、あらゆる点で準備が整っていないため、地域

住民の協力を求めるということになった。

　こうした設立に向けた準備を周知しようと、以下の説明会を地域住民向け
に催した。ある地区の地域活動センターで、文社協の支援から、30名ほど
の地域住民の方々（年齢構成は50代以上が中心／町会自治会、民生委員関係者）へ、
任意ボランティア団体による学習支援についての説明会を行った。その際に、
住民の方々が抱く、文京区の教育に対する「記憶」に遭遇した。概ね以下の
ような説明を行った。「子どもの貧困が世の中で目立ち始めている。文京区
でも、そのような状況にある。だからこそ、勉強したくても、塾に行けない、
あるいは勉強する環境が整わない子どもたちがたくさんいる。だからこそ、
学習する機会を与えるべく、地域の皆さんに協力していただいて、学習する
場所を提供していただけませんか」という趣旨である。

　この説明に対し、次のような意見がある人から聞かれた。「文京区は教育
に手厚いまちだから、そのような子どもはいるはずない」。その場に居合わ
せたほとんどの方が、この意見に賛同していたように思えた。

　ここで確認したいのは、地域住民が任意ボランティア団体の活動に反対し
ているとかそういうことではなく、「教育に手厚いまち」という「記憶ある
いは幻想」を有する地域の中で、学習支援活動が始まったという点である。
具体的に、任意団体から社団となる経緯や、その後の歩みをみていこう。

(1)1年目——2013年3月・スタートアップ（2012年9月頃から準備）
　　／2年目——2014年分岐点・一般社団法人化への道
　　人：ボランティアスタッフ及び対象となる子どもの獲得
　　　　　→文社協を通じた民生委員などへの口コミ
　　場所：駒込地区の中の、勤労福祉会館、神社の社務所などで開催
　　　　　→流浪の身
　　資金：文社協のスタートアップ助成金・10万円（当時）
　　頻度：隔週土曜日（月2回）／講師＆事務スタッフ10人・受講生8名・年
　　　　　間32回

課題：①場所の不安定さ

　　　→こまじいのうちで、毎週土曜日開催

　　②子どもの募集（個人情報の管理）

　　　→法人化し、2014年度から施行される生活困窮者自立支援法・
　　　学習支援委託事業に申し込む→採択

　1年目は、文社協からの「スタートアップ助成金の10万円」を元手に「手弁当」でがむしゃらに取り組んだ。第1回目の学習支援開催は、ある会館の一室を、CSWの調整により、自治会や民生委員のご厚意によりお借りすることができた。当時思い出されるのは、地域で学習支援をこれまで行ったことがなかったため、生徒3名ほどに対し、「関心」ある大人が10名ほど集まるという何とも不思議な感じで始まったと記憶している。活動を始めていくにつれ、大きく2つの課題にぶち当たった。学習対象者とボランティアスタッフの募集に苦戦すると同時に、勤労福祉会館や神社の社務所などを「流浪する」形となり、学習支援をする場所が固定できず、受講生たちの出席が安定しなかったということである。

　そこで、2年目は1年目の課題である、①場所の不安定さ、②子どもの募集に対応する年となった。①に対しては「こまじいのうち」という居場所での毎週土曜日開催にこぎつけ、②に対しては、「生活困窮者自立支援法」が施行されたことにより、任意団体から一般社団法人化し、2014年度から文京区の学習支援事業の委託業務を受けることになった。このように場所が固定したこと、同時に受講生募集が行政を窓口にしたことによる個人情報の管理の徹底化により、1年目の課題がほぼ解消されていった。スムーズな移行のようにみえるが、1年目はよい意味での「何でもあり（学習だけでなく、遠足に行ったり、クリスマスパーティーをしたりなど）」の団体であったが、学習支援に特化することで、「冷たい」団体になるのではという批判も当時のスタッフから上がってもいた。

(2)3年目——2015年委託業務1年目・地縁組織との連携

人：区の委託業務となったことで、行政による安定的な募集が可能となる
（区報による通知や文社協便りなど）

場所：本駒込地区・C ／富坂地区・B センター（B 連合町会長の推薦）

資金：委託業務費による安定的な運営へ

頻度：火・金・土の開催へ

課題：2年目の課題は大方、解決される

特徴：CSW の伴走による「地域情報」の入手、民生委員及び町会との連携構築

　3年目（委託業務1年目）は、地縁組織との連携への第一歩の年といえる。スタッフや受講生の募集については、就学援助者を対象に毎年7月頃に募集が定期的に行われ、周知については区報といった通知等により安定的となった。

　また3年目のポイントは、2地区目の開催にこぎつけたことであった。土曜日のほか、火曜日と金曜日の開催も可能となったのは、B 連合町会長の推薦により、B センターが利用できたからである。まさに、社団 A の取り組みに対する理解が地域住民へ浸透した一つの証である。また、CSW との伴走から、民生委員及び主任児童員らから「気になる子」が紹介され始めた。行政からの一律的通知及び対応だけでなく、こうした地域のつながりからの掬い上げもなされるようになった。まさに、町会・自治会及び民生委員との連携体制が出来上がり始めた年である。

(3)4年目——2016年3地区・音羽地区で開催
／5年目——2017年4地区・湯島地区で開催

展開理由：駒込及び千石地区へ通えない子どもの存在

場所：音羽地区・A 社会福祉法人で開催／本富士地区・B 社会福祉法人で開催

　　　　→ CSW の伴走と、新地区展開のための下交渉により結実

　頻度：4 地区展開となり、月・火・木・金・土で開催可能となる（週 5 日・
　　　　6 回開催）

　特徴：4 年目に、2 代目代表として行政経験者が就任
　　　　報告機会の増加→民生委員・保護司会・フミコムでの講演

　地域連携を進めていく中で、結果、4 地区展開にまで至った。その展開理由として、様々あるが、開催を強く推した、その一つの理由をあげる。毎年、本駒込地区・C で中 3 生向けに冬期講習をしていた。ある中学生に参加の声をかけたら、不参加という答えが返ってきた。理由を聞いてみると、会場への都バスに乗るための料金がなく、また自転車移動をすると開講時間に間に合わないという理由であった。また、住所をみてみると、意外にも、開催場所に近い受講生が学習支援に参加していることにも気づいた。「もしかしたら、場所の立地によって参加／不参加の選択がなされているのでは」という思いから、地区展開へと動いた。

　しかしながら、簡単に地区展開をすることはできない。様々な環境整備が必要であるからだ。そこで、民生委員や保護司会に向けて区民センターなどで活動報告を行い、支援と協力を仰いだ。学習支援開催場所については、各社会福祉法人からの協力を得た。しかも、場所使用料が無料という形である。

　こうした社団 A の活動報告会への下交渉や報告会の設定、開催場所の候補地の選定などはすべて、CSW の伴走のおかげである。具体的に、社団 A から別地区開催に向けての相談をした際に CSW から返ってきた答えは、「各種法人がある中、あそこの法人さんは学習支援に理解があるかも」、「民生委員さんでも、あの人はフットワークが軽いよ」などといった「生きた情報」であるため、こちらとしては情報の取捨選択がしやすくなり、「地域で当たるべきキーパーソン」が絞りやすくなった。社会福祉協議会及び CSW のプレゼンスを大きく感じた場面である。

　社団 A 内での出来事として、代表が交代した。設立者が代表であったが、

行政との委託契約を結んでいる分、行政の「難解な言葉」を翻訳・交渉できる人ということで、行政経験者の方に代表となっていただいた。同時に、組織規模の拡大と4地区展開をしたことで運営のあり方の変化を迫られた。そこで、代表と筆者を中心とした事務局と科目リーダーを中心とする学習支援スタッフに分けて、運営する体制が整えられた。

(4)6年目――2018年地域食堂の開催

　　人：講師スタッフ43名／事務スタッフ6名／受講生70名弱

　　場所：本駒込地区・C／富坂地区・Dセンター

　　　　　大塚地区・B社会福祉法人／本富士地区・A社会福祉法人

　　　　　　→4地区開催へ

　　展開：上記4地区の会場で「地域食堂」開催

　　　　　　→前年度の講演を契機に、民生委員からお手伝いの希望が出る

　　　　　　　駒込地区・月1回／大塚地区・月1回／本富士地区・月1回

　　　　　　　／富坂地区・年1回

　　頻度（4地区合計）：学習支援・年264回／地域食堂24回

　6年目には、各地区で地域食堂が開催された。4年目・5年目における様々な形での講演や報告会を契機に、民生委員から何かできることはないかという返事をいただいた。社団A設立時に描いた「子どもたちがあたたかいっぱい、おなかいっぱいになったらいいね」という想いを実現していただく形で、月一度、地域食堂を開催してもらっている。この地域食堂を契機に、民生委員、CSW、社団Aによる「子どもを見守る」連携が一層形成され始めた。詳細は後述する。

　2018年度には現在に至る原型が出来上がり、4地区展開を通じて年間264回の学習支援を行うことができた。受講生も常時70名ほどを擁し、講師・事務スタッフは総じて50名弱となっていた。

　　ここで、社団Aを取り巻く関係図（図4-7）を描いてみると、法人化前後

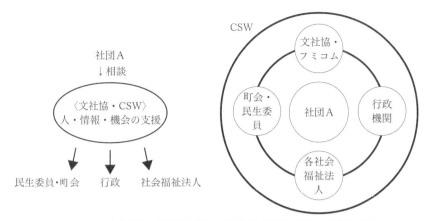

図4-7　法人化前後の関係図（左）／7年目を迎える頃の関係図（右）

の時期は、社団Aから文社協あるいはCSWに相談や依頼を投げ掛け、各関係機関につなげてもらうという流れがほとんどであった。7年目以降は、CSWの伴走もありながら、学習支援活動を契機に、各種問題に対し関係機関と連携するという形となっている。この連携は一体どのようなものなのか。それは、地域課題やニーズを行政や専門機関に外部化するのではなく、地域ニーズを地域資源（ヒト・モノ・カネ）で対応するからこそ、地域住民に対し取り組みの説得性をもち、社団Aが取り組む課題の切実さを直接伝えるこ

表4-1　2022年度の社団Aの週間スケジュール

場所と時間帯（2022年度）

曜日	場所	午後A	午後B
月曜日	Aセンター	17:00～20:00（小・中）	
火曜日	事務所	16:00～18:00（小）	18:00～20:00（中）
火曜日	Bセンター	16:00～18:00（小）	18:00～20:00（中）
木曜日	Aセンター	17:00～20:00（小・中）	
金曜日	Bセンター	16:00～18:00（小）	18:00～20:00（中）
金曜日	事務所	16:00～18:00（小）	18:00～20:00（中）
土曜日	C	13:00～15:00（小）	15:00～17:00（中）

注　2020年7月より、コロナ禍のため、中学生はすべてzoomによるリモート授業も開始。

とができていると考えられる。2022年には、表4-1にあるような形で取り組んでいる。(5)

4-3　CSWによる地域ニーズと「強み」の組み合わせ

　次に、「内部化」という「地域の限りある資源（ヒト・モノ・カネ）での対応」、つまり「どのように資源が組み合わされているのか」という点を具体的に検討していく。

　社団Aでの学習支援は、勉強が不得意でその分を埋め合わせ、得点の獲得だけを目指す支援ではない。それは、ある子どもが学習意欲をもちながらも、学習する機会あるいは環境がないため、それらを提供しながら学習そのものを支援していくというものである。したがって、学習支援の問題点は、学習機会や環境の不足だけではなく、様々な問題が深く絡んでいる点である。

　例えば、当人の不登校や当人に関わるいじめといった学校教育、当人自身への「障がい」の疑い、親などが精神的あるいは身体的障がいがあることから生じる困難な家庭環境、親の雇用問題から派生されるといわれる家庭の相対的貧困、外国につながりがある子どものための日本語教育支援・ルーツ系学習支援など、個別対応では捉えられない複合的問題などである。

　この複合的問題に対し、問題の規模が大きくまた内容が複雑すぎるため、社団Aだけで対応するのではなく、「多機関連携」という形での対応とならざるをえない。そうした対応を取っているのが社団Aの特徴である。

　具体的に関わる機関や組織をあげれば、社団Aに属する学習支援をする「ボランティアスタッフ」、社団Aと伴走し様々な相談に対応する「文社協・CSW」、学習支援あるいは地域食堂の会場を提供する「各種社会福祉法人」、委託業務先で就学援助者情報を預かる「文京区・○○課」、地域食堂を開催する「町会・自治会／民生委員」、TVゲームなどをきっかけとして子どもを受け入れている「若者支援を専門とするNPO法人」、外国につながりがある子どものための「多言語サポートを専門とするNPO法人」などであり、

各組織の「強み」を活かした形での対応となっている。

CSW による地域ニーズと社団 A を結びつけた事例

　以下、対応例を、社団 A が自立していく際に伴走してくれた「組織への対応事例」と、社団 A の活動を契機に他組織との連携に至る「複合的問題を抱える子どもへの対応事例」に分けてみていく。

組織への対応事例——「自立」への伴走

　まずは、社団 A が学習支援活動を実行あるいは定着させていく中で、「CSW による社団 A への支援」を具体的にみていく。

(1) 駒込地区での会場探し

　　：同地区担当の民生委員の補助・協力

　　　　→社団 A × CSW ×自治会×民生委員

　2013 年、この地区で初めて学習支援が開催されることになったが、開催会場がまだ決まっていなかった。そこで、CSW による町会・自治会、民生委員・主任児童員、ボランティアでの調整をしてもらいながら、○○会館での開催にこぎつけた。その後、場所探しで苦労する社団 A を、居場所を作ったものの他団体への貸し出し経験が乏しかった「本駒込地区・C」へと紹介していただき、学習支援が安定的に開催されることになる。

(2) 音羽地区での場所探し

　　A 社会福祉法人からの支援

　　：場所の無料提供、毎月の地域食堂を主開催、同地区担当の民生委員の補
　　　助・協力

　　　　→社団 A × CSW × A 社会福祉法人×民生委員

　2016 年、音羽地区での開催を目指しており、事前に、この辺りの地区での場所提供をしてくれそうな組織機関がないかどうかの相談を CSW にして

いた。そこで、理解がある法人としてA社会福祉法人を紹介していただいた。A社会福祉法人は、建物内だけの福祉サービスだけでなく、「地域貢献をするにはどうしたらよいのか」と案じていた時期であったという。CSWが、「開催場所を探す社団A」と「地域貢献を考えるA社会福祉法人」とのニーズをマッチングしてくれた。そして、A社会福祉法人が学習支援及び地域食堂を開催する場所を無料提供してくれ、毎月の地域食堂に関しては、CSW、A社会福祉法人、同地区担当の民生委員の補助・協力からなっている。現在も引き続き行われている。

(3)湯島地区での場所探し

　B社会福祉法人：場所とコピー代の無料提供、毎月の地域食堂の開催場所の提供、同地区担当の民生委員による食事提供

　　→社団A×CSW×B社会福祉法人×民生委員

2017年、湯島地区での開催を目指しており、ここでも、事前に、この辺りの地区で場所提供をしてくれそうな組織機関がないかどうかの相談を、CSWにしていた。B社会福祉法人も、A社会福祉法人と同じような課題を抱えていたという。そこで、社団AとB社会福祉法人とのニーズを調整していただき、B社会福祉法人は、学習支援及び地域食堂を開催する場所を無料提供（コピー代も）してくれ、毎月の地域食堂の開催に関しては、CSW、同地区担当の民生委員が支援してくれている。

　その地域食堂の開催に関して、民生委員側には別の願いがあった。それは、数年前に飲食店をたたんだ、あるおばあさんのカレーを再度作る機会や場所を探していたという。民生委員側の想い（おばあさんのカレーを！）と社団Aの願い（子どもたちのおなかをいっぱいに！）、B社会福祉法人のねらい（地域社会貢献を！）、それぞれのニーズを、CSWが調整してくれたことで、そのおばあさんのカレーを提供する機会づくりとして、社団Aの地域食堂開催へと話が進んでいった。現在は、2020年以降のコロナ禍、また会場変更のため、行われていない。

複合的問題を抱える子どもへの対応事例——「展開」への伴走

　学習支援という問題は「複合的問題」であると述べた。具体的には、学習支援には、教育（学習・不登校など）、福祉（様々な障がい・貧困）、多文化（ルーツ系学習支援）、家庭問題、格差・雇用といった個別対応では捉えられない問題が含まれるという意味で複合的である。こうした複合的問題に対し、一つの組織で対応するのではなく、ボランティア、文社協・CSW、各種社会福祉法人、文京区・○○課、教育センター、町会・自治会／民生委員、NPOなど「多機関連携」という形での「強み」を活かした対応となっている。学習支援という問題から展開された諸問題への取り組み事例をみていく。

(4)障がい者手帳非所持者／就学援助者

　→社団 A × CSW ×若者支援を専門とする NPO 法人

　入会面接をした際に、障がい者手帳を所持していないが学習するのに困難な子どもがいる場合がある。その際は、保護者からの支援が欲しいという意思を確認してから、課題に該当する専門機関を CSW に当たってもらう。社団 A からすると、CSW は情報収集係となる。その結果、CSW を通じて、若者支援を専門とする NPO 法人につないでもらい、現在もその子はそちらに通っている。

(5)外国につながりのある子ども／就学援助者

　→社団 A × CSW ×多言語サポートを専門とする NPO 法人

　外国につながりのある子どもであると、日本語授業についていくことや、そもそも日本語にふれる機会が少ない。そこで、学習機会が社団 A だけでは少ないため、CSW の紹介を通じて、多言語サポートを専門とする NPO法人につなぎ、学習機会を増やしながら、現在も社団 A に通っている。

(6)民生委員が把握をしている家庭の子／就学援助者

　→社団 A ×民生委員× CSW ×地元で地域食堂をしている NPO 法人（＋

町会）

　民生委員が把握している子が社団 A に紹介されるケース（互いに連絡先は交換済み）もある。この子に対し重層的に対応しようということで、同地区担当の民生委員が軸となり、学習支援については社団 A が、食事については地元で地域食堂をしている NPO 法人が対応することで役割分担をした。こうした取り組みをしていることを CSW に伝え、彼らがアウトリーチする対象者に加えていただいている（CSW がその子に対し別のアプローチで対応している場合が多い）。現在も社団 A に通っている。

事例の考察

　「組織への対応事例」と「複合的問題を抱える子どもへの対応事例」から、いくつかポイントがあげられる。

(1)民生委員の存在感

　学習支援事業を進めていく上で、意外にも、民生委員との連携が不可欠であることがわかる。地域課題を把握する民生委員との連携は、地域住民あるいは行政に対し、地域活動をする上での存在感あるいは説得性を高めている。一般的には、ある団体が直接、民生委員と連携することは難しい。専門知識や資格は要らないが、「守秘義務」が課せられる地域のつなぎ役という面がある。だから、その団体が社会福祉協議会及び CSW と連携していることは、「ある意味ちゃんとした団体である」という証明を、民生委員に対して示すことができ、そこでの「信頼」をベースに、社団 A は民生委員と連携できたのではないかと考えられる。また、それを裏打ちするように、浦田（2017）において、子どもの支援には CSW と民生委員の活動が連動している点が見出されている。

(2)地域社会の問題の複雑化

　また、CSW の子どもへの対応事例をみると、地域社会の問題が複雑化し

ていることがわかる。単なる学習支援という教育面だけの問題ではなく、障がいが疑われるような「グレーゾーン」の子どもたち、「ヤングケアラー」とみられるような子どもたち、外国籍をもつ子どもたちなど、現代社会を映し出すような問題にアプローチしていることが読み取れる。やはり、単団体では、こうした問題に対する専門知識の習得や対応をすることが難しいため、「福祉専門職」の伴走は心強い支援となっている。

(3)地縁系と福祉系の協働——「地域力」を高める

　CSW は、各組織の「強み」を把握し、契約関係ではなくニーズをベースにして連携を図っている。例えば、上記「(3)湯島地区での場所探し」に現れているように、民生委員、社団 A、社会福祉法人のニーズを重ね合わせながら、それぞれの役割を活かした調整がなされている。その調整を可能にさせているのは、上記「(2)地域社会の問題の複雑化」にあるように複雑化する問題を、地縁系活動の枠組みだけでなく福祉系活動のそれだけでもない形で、「地域社会にある資源の組み合わせで対応しようとしている」ことにあるのではないか。こうした対応の積み重ねから、地域に備わる「地域力」が高まり、その結果、地域課題に対する一つの予防策になっていると思われる。

(4)「新たな公共プロジェクト」から出た課題に対して

　国民生活審議会総合企画部会 (2005) 以降、「テーマ型コミュニティ」と「エリア型コミュニティ」の協働の実践が試みられてきたが、「文京区新たな公共プロジェクト成果検証会議報告書」でもわかるように、依然として協働の難しさがあげられていた。社団 A の取り組みを、見出された課題に照らして検討する。

　1 点目の課題について、社団 A は、これまでの取り組みを検討したことからわかるように、行政の委託業務を受け、安定的な運営と連携という点から、克服できていると考えられる。問題は 2 点目、「2. 既存の地縁組織（町会、自治会）、NPO 及び企業と『新たな公共の担い手』とのつながりが十分とは

いえません」である。この点も、完全ではないが、克服できているのではなかろうか。確認してみると、社団Ａは町会・自治会及び民生委員との協力をもとに学習支援を開催することができている。開催当初から既存の地縁組織との連携がなされていた。そして１年目で見出された「場所の不安定さ」と「子どもの募集」という問題に対し、区との委託業務契約という形でその問題を乗り越えた。たしかに、財政面及び募集面において、社団Ａは安定しているように形式的にはみえるが、この考察を通じて見出されたのは、その安定さの実態であった。その活動の安定さについては、CSW の協力、あるいは文社協が母体となる中間支援施設の存在が大きかった。具体的には、活動場所の選出、行政手続きからもれる世帯あるいは複雑化した問題を抱える世帯へのアプローチ、町会・自治会及び民生委員との連携、社団ＡのNPOあるいは各種社会福祉法人への接続などである。したがって、既存の地縁組織及び新たな公共の担い手とのつながりは十分になされていると考えられる。

4-4　ソーシャル・キャピタルの醸成の一つのあり方

　本書の考察のポイントである「外部化／内部化」という視点は、1995 年「阪神・淡路大震災」以降注目が集まった「ソーシャル・キャピタル」論に対しても有効な視点を提供しうるのではないか。端的にいえば、資源を営利性・生産性からではなく、共同性から捉えるという視点である。

　さて、2005 年の「国民生活審議会総合企画部会」では、地域の包括的活動をする地縁組織と、任意の目的を専門的に処理する市民組織との相互作用に関しては、後者から前者への働きかけに力点を置き、それらを結合させるものとして「ソーシャル・キャピタル（社会関係資本）」が注目される。また、2007 年の総務省の研究会でも、「市民活動」を最重視することはなくなったものの、地域間あるいは集団間をつなぐための市民活動によるソーシャル・キャピタルの醸成が重視されている（徳岡 2007：23-41）。

　ここでソーシャル・キャピタル、とくに、この概念を人口に膾炙させた、

パットナムのソーシャル・キャピタル論を検討しておく。彼は、アメリカにおける市民的組織の参加数などを定量分析し、現代社会において、ソーシャル・キャピタル、すなわち相互信頼が喪失していることを明らかにした。

　この相互信頼が減退している社会で、ソーシャル・キャピタルを再生させるために、彼が注目するのは「互酬性（reciprocity）」である。その互酬性を、集団内の結束強化（bonding）を特徴とする「特定的互酬性」と各集団間の橋渡し（bridging）をする「一般的互酬性」に区分し、前者が「集団内」の特定的関係の強化と維持を目的とするのに対し、「集団間」を結びつけるため、彼は後者に力点を置く。それは、その一般的互酬性が、「あなたからの何らかの特定の見返りを期待せずに、これをしてあげると、きっと、誰かほかの人が途中で私に何かしてくれると確信があるから」という規範をもとにしているからである（Putnam 1993：172＝2001：213）。その規範には、地域における特定的関係を切り離し、地域の外の人々と共有できる接点を見出し、各集団間に特定的関係ではない新たな関係を構築しようという考えがある。(6)この橋渡し型の互酬性は、グラノベターの「弱いつながりが持つ強さ」をヒントに見出された関係性でもあり、グラノベターとパットナムが見出したことで重要なこと、それは現代におけるネットワーク形成を考える際、地縁や血縁だけが信頼の構築に寄与するという想定を崩し、当事者間において「実際に」働くつながりを見出したことである。

　この点が、ソーシャル・キャピタルを重視する国民生活審議会総合企画部会（2005）でも踏まえられている。ここでは、コミュニティの性質が、同じ生活圏域に居住する住民の間で作られる「エリア型コミュニティ」と、特定のテーマのもとに集まって形成される「テーマ型コミュニティ」に分けられた。国民生活審議会総合企画部会（2005）では、このように分類され、後者に力点が置かれた。それは、後者が、前者の生活全般にわたる受け皿的な地縁活動に対し、福祉、環境、まちづくりなどの特定のテーマや目的に基づいた活動だからこそ、エリアに限定されない横断的な活動範囲を作り出すからである。つまり、市民組織による特定のテーマや目的に基づいた活動が、既

存の地縁や血縁とは違う「別のつながり」を構築し、地域間あるいは集団間に一般的互酬性を醸成していく。

　このように、「ソーシャル・キャピタル」の結束型が地縁組織の方、橋渡し型は市民組織の方に位置づけられながら、後者の方に力点を置いた地縁活動との相互作用が、政策において考えられていた。つまり、ソーシャル・キャピタル論は従来のコミュニティ政策の文脈で捉えられ位置づけられていたといえる。

　本章の考察によると、「結束型（bonding）・閉じる／橋渡し型（bridging）・開く」という視点に対し、「外部化／内部化」という問題設定から得られたのは「組み合わせ型（matching）」という視点であろう。やはりこの点においても、コミュニティを「閉じる／開く」ではなく、地域課題を専門機関に任せるという外部化に対し、地域の限りある資源で対応するという内部化の視座が重要である。その内部化という視点に、地域内にバラバラに散財した資源をつなげるという意味合いである。その際、各組織のニーズを調整し、強みを活かし、つなげる役割を果たしていたのがCSWであった。別言すれば、CSWは、そうした地域に散らばる資源を「ソーシャル・キャピタル（社会関係資本）」に作り上げている。

　したがって、これまで、コミュニティ政策において、ソーシャル・キャピタルの醸成について、いかに「エリア型／テーマ型」の連携がなされるのかという点が議論されてきたが、本章の事例によると、ソーシャル・キャピタルの醸成には、「外部化／内部化」という問題設定からみえる「地域ニーズの組み合わせ」が重要といえる。

注
（1）要保護あるいは準要保護の言葉の定義を確認しておきたい。認定の基準所得額などについては、文京区「就学援助（小・中学校でかかる費用の援助）」を参照していただきたい。また、文京区内在住で、小・中学校に在籍する児童生徒の保護者で次の1または2に該当する方となっている。
　　1. 現在、生活保護を受けている方（要保護）。

2. 生活保護は受けていないが、これに準ずると教育委員会が認める方（準要保護）、である。

(2) 筆者が関わる CSW に聞いたところ、CSW とは以下のような業務にまとめられる。CSW（Community Social Worker）とは、住民等からの相談を受け、地域の中へ入り、地域の人々や関係機関と協力して課題を明らかにし、解決の方向に向けた支援（個人支援・地域支援）をすることである。役割は大きく2つで、1. 複雑な課題の交通整理、2. 課題の予防対策→そのための共助の仕組みづくりである。

(3) 選考プロセスなどの詳細については、地域連携ステーション・フミコムホームページを参照してもらいたい。

(4) 筆者の社団Aに対するアプローチは、参与観察である。設立から現在に至るまで10年間（2年間・任意ボランティア団体／8年間・社団A）関わっている。
　参加頻度は、毎週火曜日に事務局ミーティングなどを行い、隔週で4地区を視察し、意見交換をする。役割としては、副代表として、面談（講師スタッフ・親子）、スケジューリング、講師スタッフと子どものマッチング、毎週のミーティング準備、エリア訪問、研修、講演、相談、年度の報告書作成などである。

(5) もちろん、学習支援というボランティアが上手く積み重ならなかったこともある。いくつか紹介しておく。
　1. スタッフの「過剰な」善意——恩着せがましさ、ヒエラルキー醸成
　「これだけやったのに」という過剰な善意を押しつけるスタッフがいるのも事実である。とくに、スタッフ間にその意識が向けられることが多い。「これだけやったのに」というコメントの裏には、あのスタッフと比べて私の方が多く与えているという競争と比較が始まっている。フラットなボランティア組織に、善意をバロメーターにしたヒエラルキーが醸成されてしまう。
　2. 保護者の「過剰な」返済意識
　スタッフの「小さな成功体験」による学習支援が、受講生とくに保護者に過剰な返済意識を与えてしまうことがある。例えば、地域食堂への参加を呼び掛けたりしたときに、「こんなにしていただいて」という思いから不参加された方もいらっしゃった。
　3. 保護者の「過剰な」消費者権利意識
　ボランティアの受け取り方を「タダなんだから」という意識で対応される方もいる。
　授業日を自分の都合で設定されたり、教科書ベースでの授業が基本であるのに参考書を指定したり、わからないところがあったらこちらから連絡するなどである。

(6) パットナムのソーシャル・キャピタル論に対する批判をいくつかあげておく。
　まず、ソーシャル・キャピタルは本質主義的ではないかという合理的選択理論からの批判（Sobel 2002）がある。つまり、ソーシャル・キャピタル自身

が各主体間の橋渡しになるとされながらも、実際には「ある属性や価値を所与」とした関係の構築であるという批判である。

　続いて、ソーシャル・キャピタルが互酬性を基礎としているため、「閉じた」関係性を構築することに対し、「creative capital（人間に備わる知やアイデアに関する創造性）」からの批判がある（Florida 2002）。とくに本章は、ソーシャル・キャピタルが本質主義あるいは内在主義とされる批判を視野に入れている。つまり、ある属性を所有している者しか関係を構築できないとみる内在主義の乗り越えである。

　また、ソーシャル・キャピタルは多義性をもった概念である。ブルデューのそれを一例としてあげておく。彼は経済資本を資金、政治資本を評判や名誉、文化資本を素養や資格、社会関係資本（ソーシャル・キャピタル）を「人脈」として位置づけ捉えている（Bourdieu 1980：2-3）。

参考文献

一般社団法人Ａ，2022，「2021年度活動報告書」.

浦田愛，2017，「民生委員・児童委員の地域福祉活動と地域福祉コーディネーターへの期待」『日本の地域福祉』30：75-87.

徳岡喜一，2007，「『コミュニティ研究会中間とりまとめ』について」『地方自治』717：23-41.

文京区社会福祉協議会，2018a，「中間支援パワーアッププロジェクト委員会資料及び議事録」.

————，2018b，「開設準備委員会資料及び議事録」.

Bourdieu, Pierre，1980, "Le Capital Social," *Actes de la recherché en sciences sociales*, 31, janvier：2-3.

Florida, Richard，2002, *The Rise of the Creative Class: And How it's Transforming Work, Leisure, Community, and Everyday Life*, New York: Basic Books.（井口典夫訳，2008，『クリエイティブ資本論』ダイヤモンド社.）

Putnam, Robert, 1993, *Making Democracy Work: Civic Traditions in Modern Italy*, Princeton University Press.（河田潤一訳，2001，『哲学する民主主義——伝統と改革の市民的構造』NTT出版.）

Sobel, Joel，2002, "Can We Trust Social Capital?" *Journal of Economic Literature*, 55：139-154.

厚生労働省「制度の紹介」（2021年3月21日取得，https://www.mhlw.go.jp/stf/seisakunitsuite/bunya/0000073432.html）.

全国こども食堂支援センター・むすびえ（2021年3月21日取得，https://musubie.org/news/6264/）.

全国子どもの貧困・教育支援団体協議会（2021年3月21日取得，http://kyoikushien.net/）.

地域連携ステーション・フミコム（2021年3月21日取得，https://fumicom.tokyo/）.

文京区「教育概要」（2021年3月21日取得，https://www.city.bunkyo.lg.jp/kyoiku/kyoiku/

kyouikuiinkai/kyouikugaiyou.html).

――――「就学援助（小・中学校でかかる費用の援助）」（2021 年 3 月 21 日取得，https://www.city.bunkyo.lg.jp/kyoiku/kyoiku/gakko/aid/enjyo.html).

――――「『文の京』自治基本条例」（2021 年 3 月 21 日取得，https://www.city.bunkyo.lg.jp/kusejoho/jore/kuminkensyo.html).

――――「文京区人口統計資料」（2021 年 3 月 21 日取得，http://www.city.bunkyo.lg.jp/kusejoho/toke/zinko.html).

――――新たな公共プロジェクト事務局，2016，「文京区新たな公共プロジェクト成果検証会議報告書〈概要版〉」（2021 年 3 月 21 日取得，https://www.city.bunkyo.lg.jp/sangyo/kyodo/kyoudou/aratanakoukyouteigengo.html).

――――社会福祉協議会「福祉マップ」（2021 年 3 月 21 日取得，https://www.bunsyakyo.or.jp/map).

三菱総合研究所人間・生活研究本部，2015，「『生活困窮世帯の子どもの学習支援事業』実践事例集」（2021 年 3 月 21 日取得，https://www.mhlw.go.jp/file/06-Seisakujouhou-12000000-Shakaiengokyoku-Shakai/0000080240.pdf).

むすびにかえて

　本書は、地域協働に関する社会科学的考察、すなわち「地域コミュニティに関する理論・政策・歴史」を総合的に考察してきた。(1)

　1990年代頃から、「地域共同管理論」あるいは「ボランタリー・アソシエーション論」などにより、主に、地域住民組織あるいは地域コミュニティを捉える際の「エリア型コミュニティ（地縁組織）」と「テーマ型コミュニティ（市民組織）」という二項対立的視座を脱却することが目指されてきた。

　本書は、これまでの理論的蓄積を踏まえ、「外部化／内部化」という視座から検討し、これまでの視座から捉えられていない地域協働のあり方を考察してきた。理論面からいえば、経済社会学的文脈に基づき再分配でも市場交換でもない「贈与」を考察することで、地域課題に対する「内部化」という「地域の限りある資源で対応する地域協働」の意味を明確にした。それは、資源を財・サービスとして単に提供するのではなく、「共にあろうとする潜在性を帯びた価値の移譲」だということである。「子ども食堂」あるいは「学習支援」を通じて「なぜ、財・サービスの提供がネットワークをうむのか」という問いに対して、それは「贈与を通じた価値の移譲」であるということが解明された。

　実践面では、参与観察の事例を通じて、こうした地域協働を可能とさせる要因の一つに、「コーディネーター」、ここでは「地域福祉コーディネーター」の存在があることが見出された。端的にいえば、彼らによる地域内に散在する資源を「組み合わせる」という取り組みである。このような考察の深化により、コミュニティ政策におけるソーシャル・キャピタル論についても一つの理論的かつ実践的貢献ができたのではないだろうか。これまでの「bonding（結束型）」と「bridging（橋渡し型）」という「コミュニティを閉じる／開く」という二項対立な見方ではなく、「matching（組み合わせ型）」という「地域ニーズに応じた多機関連携」によるソーシャル・キャピタルの醸成という発見で

ある。

　そして、コミュニティ論において、本書の考察から、「共通のアイデンティティ（情緒や感情、民族性）」を掲げることで他者との不安を埋め合わせる「コミュニティ」形成が近年目立つ中、バウマンでいうところの「相互関与」、本書でいう「物を通じた価値の移譲」によるコミュニティづくりという一つの視点が打ち出せたのではないだろうか。こうした地域協働が、他者との共生を図る技法の一つといえよう。

　地域コミュニティをめぐる問題は、ますます高度化・複雑化し、社会問題が複合的となる。こうした社会状況に向き合いあるいは陥る中で、本書が説く「地域協働のあり方」が研究者及び現場の方々に、少しでも貢献できたのであれば幸いである。

注
(1) 本書が依拠する社会科学的考察については、田村正勝『社会科学のための哲学』（1986）、『社会科学原論講義』（2007）、『社会哲学講義——近代文明の転生に向けて』（2012）などを参照されたい。

あとがき

　本書は、『コミュニティの再創成に関する考察——新たな互酬性の形成と場所の創出からなる地域協働』早稲田大学出版部（2013）に続く、2冊目の単著となる。

　今回も、「理論と現場を往復させる」というシンプルな視座のもとに書かれている。しかし、この視座はシンプルであるがゆえにきわめて深く困難な課題を有している。

　近代以降、社会科学が自己と他者（対象）を分割・細分化し、対象を専門化して定着させ、その対象に対する客観性と実証性を重視する傾向にある中、社会科学が有する「理論・政策・歴史」という総合性とそれを支える哲学的視座を教授してくださったのが、筆者にとっての師、早稲田大学名誉教授・田村正勝先生である。先生の教えに対しお応えできているかどうか自信はありませんが、まず田村先生に本書を捧げたい。

　博士論文執筆後に、筆者を知的に刺激し、精神的に励ましてくれたのが「デュルケーム／デュルケーム学派研究会」のメンバーである。集団で研究することの意義、そして研究チームという環境を整備することの重要性を教えていただいた。2012年に筆者が入会した当時の世話人であった、中島道男先生、江頭大蔵先生、小川伸彦先生、また科研費・基盤研究（B）「社会学のディシプリン再生はいかにして可能か——デュルケーム社会学を事例として」では三上剛史先生、岡崎宏樹先生など、多彩で寛容なメンバーに恵まれ、大変お世話になった。皆様との議論及び研究の成果は、本書にも反映されている。

　「ボランティア活動は3年続けばたいしたものよ」なんていわれることが多い中、学習支援活動が10年以上も続くとは正直思っていなかった。これはひとえに皆様のおかげである。一般社団法人Aのスタッフの皆様、地域

福祉コーディネーターの皆様、民生委員の皆様、そして活動に携わり協力いただいた皆様に、御礼を申し上げたい。一般社団法人Aの現在の姿は、「共にあろうとする潜在性が具現化したもの」であると実感している。

　この度、出版の機会を与えていただいたのが、八千代出版株式会社・森口様である。経済社会学的視座の重要性を認識してくださり、出版企画の受け入れから、日程の調整まで温かく見守っていただき、大変お世話になりました。丁寧に校正をしていただいた井上様にも感謝申し上げる。そして、八千代出版株式会社とのつながりを作っていただいた、故・宮本和彦先生に本書を捧げる。

　また、「2023年度　文京学院大学出版助成」を受け、この度の出版は成り立っている。出版業界が厳しいといわれる中で、今回の助成は大変ありがたかった。御礼申し上げる。

　最後に、この場を借りて、家族に感謝を捧げることをお許しいただきたい。未だに昼夜逆転に近い生活を送る私を、温かく支えてくれる妻と娘たちに、感謝と本書を捧げる。

初出覚え書き

1 1990 年代までの地域住民組織論とは
  →「第 2 章　コミュニティの担い手と連帯の源泉」『コミュニティの再創成に関する考察——新たな互酬性の形成と場所の創出からなる地域協働』早稲田大学出版部（2013）を加筆修正。
2 なぜ、いま、地域協働が求められるのか
  →「第 1 章　戦後の日本社会とコミュニティ政策」『コミュニティの再創成に関する考察——新たな互酬性の形成と場所の創出からなる地域協働』早稲田大学出版部（2013）を加筆修正。
  →「経済社会学の新たな方向性——フレキシブル経済の再考と社会的承認という埋め込み」『経済社会学会年報』36：188-198（2014）を加筆修正。
3 「贈与」をめぐる経済社会学——ネットワーク・価値・「物」
  →「特集論文　経済社会学における贈与の意義——交換形態、ネットワーク、制度の狭間」『国際開発研究』29(1)：23-36（2020）をもとに作成。
  →「グレーバーによる市場経済（イデオロギー）批判と『コミュニズム』の意義」デュルケーム／デュルケーム学派研究会における報告（2022 年 11 月 26 日）をもとに作成。
4 「学習支援」を通じた多機関連携とソーシャル・キャピタルの醸成
  →「地域ニーズを活かしたコミュニティづくり——学習支援団体『一般社団法人 A』の事例を通じて」『日仏社会学会年報』32：1-23（2021）をもとに作成。
  →「地域福祉コーディネーターの伴走によるテーマ型活動の自立と展開——一般社団法人・学習支援 A を事例にして」第 22 回コミュニティ政策学会における報告（2023 年 7 月 2 日）をもとに作成。

索　　引

ア　行

新たな公共	24
新たな公共プロジェクト	101
埋め込み	61
エリア型コミュニティ	22, 121

カ　行

外部化	28-30, 43
価格	71
格差社会	39
学習支援団体	106
価値	78
価値観	71
価値の移譲・循環	79, 88
貨幣	70
規制緩和政策	18, 34
基盤的コミュニズム	72, 87
競争的個人主義	32
協働	25
近代化論	3-4
組み合わせ型	127
経済社会学	iii, 61
新しい——	62
経済的交換	58
結束型（結束強化）	121-2
公益性・公共性	85
交換	79
功利主義批判	68
コーディネーター	26

個人主義的コミュニズム	73-4
子ども食堂	106
コミュニズム	91
コミュニティ	ii
コミュニティ政策	33, 51

サ　行

再分配	62, 81
参加	25
市場交換	57
市民	40
社会的交換	58
社会福祉協議会	27, 101
承認	66, 81-2, 85
『新時代の「日本的経営」』	36
新自由主義改革路線	34
生活困窮者自立支援制度	105
生活地自治体	11
制度の狭間	80, 87
潜在性	80
全体的給付	57, 73
相対的貧困率	45
贈与	57, 60, 65, 76, 84
ソーシャル・キャピタル	21, 51, 120, 122-3

タ　行

第一次社会性	67-8
体験格差	46
第二次社会性	67

多機関連携 114
他者との共生 128
他人指向型 31
地域協働 24, 48, 128
地域共同管理論 7-8
地域協働体 24
地域協働体論 12
地域福祉コーディネーター（CSW）
　　　　　　97, 104, 107, 111,
　　　　　　115, 119, 123, 127
地縁型市民組織 26
地縁組織 13, 51
中間支援施設 102
紐帯 66
テーマ型コミュニティ 22, 121
都市的生活様式 28

ナ　行

内部化 49, 114
内部指向型 31
日本型雇用形態 36
人間経済 69
ネオリベラリズム・新自由主義経済
　路線 49
ネットワーク 63-5
能力に応じて、必要に応じての原理
　　　　　　74

ハ　行

橋渡し（型） 121-2

阪神・淡路大震災 20
表現主義的個人主義 33
複合的問題 117
負債 74, 92
物々交換 72
文化型論 3-4, 13
分業 6
分担 6
文脈 69
暴力 69
ホモ・エコノミクス 65, 90
ボランタリー・アソシエーション論
　　　　　　5, 7
ボランティア 13, 123

マ　行

道普請 29
民生委員 118
物 61, 70, 79, 87-8

ヤ　行

弱い紐帯（弱いつながりが持つ強さ）
　　　　　　65, 121

ラ　行

リーマンショック 39
利己脱却 76
両義性 77
歴史・物語 71, 78

著書略歴

古市　太郎（ふるいち　たろう）

文京学院大学人間学部准教授。

専攻は経済社会学、コミュニティ論。

早稲田大学大学院社会科学研究科博士後期課程修了。博士（学術）。

早稲田大学社会科学部助手・助教を経て、現職に至る。

2012 年に、ボランティアの一人として、学習支援団体を立ち上げ、法人化させ、東京都文京区の委託業務を受ける体制や組織づくりをしながら、地域食堂の支援も行う。また、2016 年には、文京区の「中間支援施設パワーアッププロジェクト」委員や開設準備委員として、組織・団体間のハブ機能を果たす「地域連携ステーション・フミコム」の創設に関わる。

主な著書・論文

「地域コミュニティとボランティア――開かれた地域性とまちづくり」田村正勝編著『ボランティア論――共生の理念と実践』ミネルヴァ書房、2009 年。

『コミュニティの再創成に関する考察――新たな互酬性の形成と場所の創出からなる地域協働』早稲田大学出版部、2013 年。

「特集論文　経済社会学における贈与の意義――交換形態、ネットワーク、制度の狭間」『国際開発研究』29(1)：23-36、2020 年。

経済社会学から考える現代の地域協働

2024 年 3 月 28 日　第 1 版 1 刷発行

著　者 ― 古　市　太　郎

発行者 ― 森　口　恵美子

印刷所 ― 新　灯　印　刷

製本所 ― グ　リ　ー　ン

発行所 ― 八千代出版株式会社

〒101-0061　東京都千代田区神田三崎町 2-2-13

TEL　03 - 3262 - 0420

FAX　03 - 3237 - 0723

＊定価はカバーに表示してあります。

＊落丁・乱丁本はお取替えいたします。